COLLECTION

ROGER MARX

TABLEAUX
PASTELS, DESSINS, AQUARELLES
SCULPTURES

CATALOGUE

DES

TABLEAUX

Pastels, Dessins, Aquarelles

PAR :

BAZILLE, BERNARD, BESNARD, BONNARD, CARRIÈRE, MARY CASSATT, CAZIN
CHÉRET, DAUMIER, DEGAS, DENIS, FANTIN-LATOUR
FORAIN, GAUGUIN, C. GUYS, INGRES, JONGKIND, LEBOURG, LEPÈRE
MANET, C. MONET, G. MOREAU
PUVIS DE CHAVANNES, RAFFAELLI, RENOIR, RODIN
ROPS, TOULOUSE-LAUTREC, VIERGE, VUILLARD, WILLETTE, ETC.

SCULPTURES

PAR :

BARTHOLOMÉ, CHARPENTIER, DAUMIER, GARDET, GAUGUIN
CONSTANTIN MEUNIER, RODIN, ETC.

Faisant partie de la Collection ROGER MARX

ET DONT LA VENTE PAR SUITE DE DÉCÈS

AURA LIEU A PARIS

GALERIE MANZI, JOYANT

15, RUE DE LA VILLE-L'EVÊQUE

LES LUNDI 11 ET MARDI 12 MAI 1914, A 2 HEURES PRÉCISES

COMMISSAIRES-PRISEURS

Mᵉ F. LAIR-DUBREUIL   Mᵉ HENRI BAUDOIN

6, rue Favart   10, rue de la Grange-Batelière

EXPERTS

MM. DURAND-RUEL   MM. J. & G. * BERNHEIM-JEUNE

16, rue Laffitte   EXPERTS PRÈS LA COUR D'APPEL

PARIS   25, boulevard de la Madeleine et 15, rue Richepance

     PARIS

EXPOSITIONS

PARTICULIÈRE : *Le Samedi 9 Mai 1914, de 1 heure 1/2 à 6 heures*
PUBLIQUE : *Le Dimanche 10 Mai 1914, de 1 heure 1/2 à 6 heures*

CONDITIONS DE LA VENTE

Elle sera faite au comptant.

Les adjudicataires paieront *dix pour cent* en sus des enchères.

L'exposition mettant le public à même de se rendre compte de la nature et de l'état des objets, aucune réclamation ne sera admise une fois l'adjudication prononcée.

ORDRE DES VACATIONS

Le Lundi 11 Mai 1914 :

Tableaux, Pastels, Aquarelles, Dessins et Sculptures. . . .   Numéros pairs.

Le Mardi 12 Mai 1914 :

Tableaux, Pastels, Aquarelles, Dessins et Sculptures. . . .   Numéros impairs.

Paris. — Imp. de l'Art, Ch. Berger, 41, rue de la Victoire.

Roger Marx voua sa vie entière à l'art qu'il aima de tout son esprit et de tout son cœur, avec passion, avec tendresse.

Ses collections témoignent de son noble goût et de sa haute pensée. On éprouvera quelque tristesse à les voir dispersées. Toutes les admirations de Roger Marx y sont présentes. Les artistes qui y sont représentés par des ouvrages significatifs : Manet, Toulouse-Lautrec, Carrière, Fantin-Latour, Puvis de Chavannes, Gauguin, Degas, Émile Gallé, Rodin, Renoir, Claude Monet, Mary Cassatt, Maurice Denis, témoignent de l'unité d'une doctrine et de la largeur d'une pensée.

Puissent tant de beautés, au moment même où elles se dispersent, répandre encore le nom de Roger Marx et rappeler ce culte de l'art que son œuvre servira après lui.

ANATOLE FRANCE.

La belle et trop brève carrière de Roger Marx offre dès son début un trait remarquable. Son amour inné et passionné des choses d'art est à même de se signaler tout de suite par le fait et par l'idée, par la plume et par l'action. Le fonctionnaire éminent entre en scène en même temps que l'écrivain doué de raffinement, de jugement et d'ardeur.

Un homme qui avait pris part, et part puissante, aux luttes et aux victoires de l'École de 1830, puis à celles des réalistes groupés autour de Courbet, arrive à la Direction des Beaux-Arts. Castagnary ne considère pas, parce que ses convictions ont triomphé, que la vie s'arrête et que l'évolution soit finie. Il jette les yeux autour de lui, cherche pour collaborateur un représentant des aspirations nouvelles qui soit, en même temps, informé des acquisitions dont elles sont issues.

Cet esprit qui unit le culte des belles œuvres d'hier et la volonté de défendre les belles œuvres de demain, il le trouve chez un jeune homme venu de Nancy et qui fait, en même temps que ses premières armes dans la presse, ses premières preuves d'activité dans l'administration, c'est Roger Marx, qu'il prend comme chef de cabinet et accepte comme conseiller.

A ce moment, des puissances obscures se lèvent. Il faut l'instinct du beau pour deviner qu'elles seront lumineuses et la décision dans le caractère pour les aider à le devenir. Marx sera, dès ces heures imprécises, parmi les premiers qui se dépenseront pour aider le public et forcer les pouvoirs à voir clair.

Dans un pauvre atelier du quartier Montparnasse un jeune peintre renonce au gagne-pain d'un métier et rejette les viatiques de l'École, pour obéir à son désir d'exprimer, en peignant sa nichée, toutes les inquiétudes et toutes les tendresses de l'humanité, et cela dans un langage qui ne conserve des êtres que l'essentiel. Carrière s'exerce.

Un autre artiste, dans un combat non moins rude, a déjà pu se voir refuser justice par ses confrères, et lui aussi a dit adieu aux travaux faciles et lucratifs pour se jeter à la poursuite d'un rêve grandiose. Rodin commence à modeler cette Porte de laquelle sont échappées à travers le monde tant d'images de volupté, d'effroi et de gloire.

La même époque voit encore Manet honni, Puvis de Chavannes tourné en dérision, Claude Monet vendant ses paysages deux ou trois cents francs avec peine, Fantin-Latour victime, au Salon, de places défavorables, — et l'État ignorant toutes ces ignorances avec sérénité.

Roger Marx prend résolument sa place parmi les rares critiques et amateurs qui comprennent et qui aiment. Il défend les méconnus et encourage les originalités naissantes dans ses articles du Voltaire; il orne sa maison commençante des spécimens expressifs de ce qu'il admire. Et surtout, ce qui lui constitue un rôle à part, c'est que tout jeune fonctionnaire, luttant contre les plus hauts et les plus sourcilleux obstacles, il obtient, avec une étonnante énergie, pour les plus niés et les plus haïs de tous ces grands artistes, des commandes, des honneurs, et prend avec une jolie humeur souriante sa part des colères et des haines que ces assauts soulèvent, devant le public encore muet, dans le monde artistique tout entier.

Roger Marx ne porte pas son attention et son avidité de connaître, d'admirer et de défendre, sur les seules créations des peintres et des sculpteurs. En lettré amoureux de la belle écriture, il a été attiré l'un des premiers vers un des grands maîtres du raffinement, le précurseur en matière d'art français au xviiie siècle et d'art extrême-oriental, Edmond de Goncourt. Plus tard, il recueillera les Salons et les articles critiques des deux délicieux frères. — Une renaissance de la gravure originale, inaugurée naguère avec Bracquemond chez Cadart, commence à se manifester, des plus luxuriantes avec Buhot, Lepère, Gœneutte, Guérard, etc. Il va défendre également ces beaux artistes, recueillir pour les heures de rêverie, leurs feuillets si pleins d'invention et de couleur. — Compatriote et ami du génial Émile Gallé, de Nancy, il s'éprend non moins vivement du meuble unique, de l'objet d'art évocateur non à la façon d'un tableau sans doute, mais d'un morceau de musique (et l'évocation est-elle moins puissante pour notre sensibilité?), et il recherche autour de lui, à Paris même, tous les beaux ouvriers isolés qui, à ce moment-là, n'ayant de lieu d'exposition, parfois, que la boutique, et inconnus d'à peu près tous les amateurs, travaillent presque sans aucune chance de succès.

C'est ici que les facultés d'action, de persuasion et de réalisation de Marx se donnent carrière, et c'est à cette occasion même que se marque, d'une façon décisive, la première étape de sa route si nette et si logique. La Société Nationale des Beaux-Arts vient de se fonder à la suite d'une scission parmi les artistes,

au lendemain de l'Exposition de *1889*. D'un coup d'œil remar-
quablement pénétrant, Roger Marx a vu que l'heure et le lieu
étaient choisis à merveille pour que les efforts et les créations des
grands metteurs en œuvre de la matière fussent groupés enfin et
pussent marcher de pair avec les tableaux et les statues. Grâce
à son intervention, la Section des objets d'art au « Champ de
Mars » est créée, et quels que soient les concours et les sympa-
thies qui l'aient alors aidé, on doit dire que ce fut vraiment sa
victoire personnelle ce jour-là.

Une nouvelle période allait alors commencer pour lui. Fortifié
d'une autorité légitimement conquise, Roger Marx ne devait pas
rencontrer moins de difficultés dans les tâches qu'il s'était assi-
gnées, mais il allait préparer pour la seconde partie de sa vie
une conclusion particulièrement éclatante. Inspecteur des Beaux-
Arts, et mis à même par ses fonctions de connaître les richesses
des musées provinciaux, il fut tout désigné, lorsque l'Exposition
de *1900* fut décidée, pour organiser la Centennale de la Peinture.
Ce que fut cette magnifique page d'histoire, écrite avec autant de
discernement que de courage, on ne l'a pas oublié. Ce sont des
événements qui comptent. Roger Marx sut trouver des œuvres
capitales dans les musées et les collections particulières, remettre
en honneur des artistes injustement dédaignés, affirmer désormais
sans réplique ceux que l'on combattait encore, en un mot, préparer pour ainsi dire, à chaque pas, une surprise ou un acte de
justice.

Cela n'avait pas été, bien entendu, son seul ouvrage pendant
ces dix années nouvelles. Il continuait à se tenir avidement au
courant, pour son plaisir et son besoin d'équité, de tous les jeunes
talents qui naissaient. Il prenait la rédaction en chef de la
Gazette des Beaux-Arts, à laquelle, tout en lui conservant sa magis-
trale tenue, il insufflait un esprit nouveau. Il demeurait en com-
munion constante avec les écrivains de son choix, et quel choix !
c'est-à-dire Huysmans, Anatole France, André Gide, François
de Curel, etc. A ses collections s'ajoutaient des œuvres de Lautrec,
de Gauguin, de Maurice Denis, de Vuillard, de Bonnard, qui
prenaient leur place à côté de celles de leurs grands anciens :
Degas, Manet, Fantin, Carrière, Monet, Renoir, Lebourg, Lépine,
Raffaëlli, Besnard, Chéret. Dans les séances des conseils supérieurs
des beaux-arts, sa parole était écoutée, ses succès étaient autant de
gagné pour les artistes vraiment indépendants et personnels.

Roger Marx comprenait ainsi la critique et les fonctions

publiques comme une mission et comme un exemple. L'art était pour lui à la fois « une consolation, un embellissement de la vie, et son expression la plus haute ». Aussi rien d'humain ne lui était étranger, et il s'intéressait non moins aux hommes qu'aux résultats de leur labeur. Il avait des vertus d'attraction, de sympathie, et les exerçait envers les artistes d'une façon simple, affectueuse et cordiale, qui lui donnait, lorsqu'il le voulait, beaucoup de charme. Je dis : « lorsqu'il le voulait », car son urbanité choisissait, et son affection ne se prodiguait point ; mais lorsqu'on s'était imposé à son estime ou à son admiration, l'on avait en lui un défenseur fidèle. Il a vécu beaucoup par les yeux et par le cœur. On peut dire que cela a contribué à la fois à orner et à intensifier sa vie, car toujours ses émotions furent vives, et il ne ressentait point à demi. Rien sans art était jadis sa devise, mais on peut ajouter qu'il n'y a point de grand amour de l'art sans une profonde sensibilité, perpétuellement à vif.

Tels sont les principaux traits de cette physionomie et de ce caractère. Je crois en avoir dit le principal, tout en espérant qu'une étude filiale ou amicale les reprendra et les développera plus à loisir. Je revois encore le Roger Marx des jeunes années, avec sa longue barbe blonde, ses yeux bleus, où le sourire se mélangeait à la rêverie, ou alternait avec lui, sourire d'une curieuse complexité de bienveillance et d'ironie. Carrière, Rodin, Besnard, Friant, le Dr Paulin et divers autres ont laissé de lui de vivantes effigies, complètes ou partielles. Mais je crois qu'il faudrait réunir tous ces portraits pour en obtenir un auquel rien ne manquât. Le portrait, on le trouverait également dans les propres écrits de notre ami, où son besoin de la tournure élégante, du mot délicat et coloré, enchâssant une idée juste ou une pénétrante vue d'avenir, se constate à son plus haut point dans son dernier livre, en quelque sorte son testament artistique, l'Art social.

Les artistes sentaient cet ascendant et y rendaient hommage. Dans les réceptions qui avaient lieu à son foyer, ils venaient lui demander un conseil, lui soumettre un projet, lui exprimer leur reconnaissance d'un appui donné généreusement. Beaucoup d'idées furent ainsi échangées, qui ne seront point perdues, car les idées sont incorruptibles et indestructibles comme un or volatil qui passe et repasse dans l'atmosphère où l'on pense.

Il en est de même des œuvres d'art, qui rassemblées avec un fervent amour, paraissent s'éloigner de la maison qu'elles déco-

raient, mais qui, en réalité, reviennent à la réputation et comme
au portrait même de celui qui les avait comprises.

Aussi les amis de Roger Marx ne peuvent-ils regretter que la
collection formée par lui se disperse aujourd'hui; chacun des
éléments qui la composaient va porter en cent lieux lointains le
prestige de l'art français et attester le goût de celui qui, pendant
les années qui lui furent accordées, l'avait si bien servi.

Ce qu'est cette collection, le présent catalogue le dit avec une
précision trop grande pour que nos commentaires ne risquent de
faire double emploi avec leur éloquent défilé.

Tous les noms glorieux que nous avons cités au cours de cette
notice sont représentés par des pages typiques, par les notes et les
œuvres; œuvres parfaites, complètes, comme le pastel de la Toilette par Degas, la Leçon d'écriture de Carrière, la Femme à
l'éventail de Fantin-Latour, le magnifique bronze du Baiser de
Rodin, qui atteint une si grande beauté de modelé et de patine,
qu'il semble une chose léguée par un siècle déjà bien loin du nôtre;
— « notes » aussi expressives que les œuvres, et qui représentent
si bien, en même temps, le moment heureux de l'artiste et la pré-
dilection de l'acquéreur, qu'elles semblent avoir été prédestinées à
former un trait d'union entre eux.

Je ne puis procéder par énumération, même de noms, ayant
surtout voulu ici, non pas faire tâche d'expert ni dicter au public
ses appréciations, mais donner l'idée générale d'un caractère, ce
qui est la meilleure façon d'expliquer une collection aussi har-
monieuse et aussi tranchée.

Toutefois, comment ne pas signaler les principaux Lautrec,
si incisifs, devenus (dût ce mot paraître excessif) pour ainsi dire
classiques; le très beau Gauguin, les Raffaëlli, les Lepère, les
Chéret, le superbe ensemble de Lebourg, les charmantes petites
peintures de Maurice Denis, de Vuillard, de Bonnard, de Roussel?

Et quand j'aurais cité cela encore, j'aurais omis bien des
choses capitales. Comme la grande figure orientale de Manet,
d'une blancheur si somptueuse, la Femme en rose de Renoir, les
deux Monticelli, tirés du meilleur de l'écrin; — enfin l'admirable
série des dessins, à elle seule collection exceptionnelle, en tête de
laquelle s'avancent le majestueux carton de Puvis de Chavannes,
la réplique de l'Étude, de Fantin-Latour, les Danseuses, de Degas,
et fulgurent les noms de Millet, de Daumier, d'Ingres, de Gustave Moreau, de Forain, de Cazin, de Willette, de Besnard,

d'Odilon Redon. Le goût des beaux dessins, c'est la pierre de touche du collectionneur : rappelez-vous les His de la Salle, les Goncourt.

J'ai conscience, malgré la concision que m'imposent les limites d'une simple préface, de n'avoir point omis trop de détails nécessaires. Ainsi avais-je, heureusement, parlé de Gallé et de l'amitié qu'il ressentait pour Marx. Cette amitié s'éclaire aux mystérieuses et féeriques lueurs de quelques-unes des plus belles pièces du maître. Quelles joies de l'œil et de l'esprit ressentit et lègue celui qui posséda ces merveilles ! De même, le nom de Rodin ayant été inscrit ici dès les premières lignes, j'éprouve du plaisir à finir ma trop rapide revue en rappelant que ce fut Marx qui sortit de l'ombre où on les tenait à Sèvres les pièces de céramique que dans sa jeunesse le maître avait fait palpiter d'un admirable poème païen; cette trouvaille, qui a donné matière à un écrit important, constitue encore une collection à part, belle et rare entre toutes.

On a souvent dit bien du mal de la critique. Le résumé d'une telle vie et le tableau d'une telle collection est la meilleure réponse qu'on puisse faire à ces discours.

Roger Marx a été, dans toute l'acception du mot au temps passé, un honnête homme; les manifestations du beau, du bien et du juste lui tenaient au cœur. Sa collection, le souvenir de ses amis, sa carrière, ses écrits, tout cela lui en porte le plus éloquent et le plus durable témoignage.

Arsène ALEXANDRE.

DÉSIGNATION

TABLEAUX

BAZILLE

(FRÉDÉRIC,

1841-1870)

1 — *Fleurs dans un vase vert.*

L'éclat d'une gerbe multicolore de fleurs variées, rassemblées en un bouquet où l'on aperçoit, en haut à droite, des grappes bleu noir et, à gauche, une note d'un bleu plus pâle. Tandis que toute la partie droite est dans l'ombre, de toutes parts, la lumière éveille des accents vifs sur les roses, le feuillage et les fleurettes blanches.

Toile. Haut., 46 cent.; larg., 38 cent.

BERNARD

(ÉMILE)

2 — *Portrait de l'Artiste.*

Debout, en sombre manteau à pèlerine, le visage de face, il est tête nue, et tient son pinceau de la main gauche.

A côté de lui, sur le mur bleu vert, un crucifix.

Signé à droite à mi-hauteur : *Émile Bernard* et daté : 5. Zlle 1897.

Toile. Haut., 92 cent.; larg., 60 cent. 1/2.

BESNARD

(ALBERT)

3 — *Femme nue au bord de l'eau.*

Une jeune femme nue est vue de dos, les cheveux noirs noués en chignon sur la nuque, assise à gauche sur le rivage plat et s'appuie contre un petit môle. Au premier plan, devant elle, dans toute la largeur du tableau, une vaste étendue d'eau que limite en haut à gauche la ligne gris brun d'une rive lointaine où se profilent des tours et des toitures.

Signé à droite, avec dédicace: *A Roger Marx, bon souvenir. A. Besnard 1885.*

Toile. Haut., 54 cent. 1/2; larg., 45 cent.

BONNARD

(PIERRE)

4 — *Les Deux Poules blanches.*

Au premier plan, elles picorent dans une prairie. Au fond, dans le ciel, quelques nuages pommelés.

Signé du monogramme et daté à gauche : *1891.*

Toile. Haut., 32 cent. 1/2; larg., 41 cent.

BONNARD

(PIERRE)

5 — *L'Orgue de Barbarie.*

A droite, sur le trottoir, devant une maison dont la porte cochère est ouverte, un mendiant joue de l'orgue de Barbarie. Une fillette, en costume rouge, s'est accoudée à la fenêtre de l'entresol et écoute.

Signé : *Bonnard* et daté : *95.*

Peinture sur carton. Haut., 41 cent.; larg., 26 cent.

BONNARD

(PIERRE)

6 — *La Tasse de café.*

Une jeune femme au visage mutin, aux cheveux bouclés, vue jusqu'aux épaules, hausse vers sa bouche une petite tasse de porcelaine blanche.

Signé dans le haut : *Bonnard* et daté : *94*.

Panneau. Haut., 35 cent.; larg., 26 cent. 1/2.

BONNARD

(PIERRE)

7 — *Le Fiacre.*

Devant le « commerce de vins », un fiacre fermé s'est arrêté. A gauche, un groupe d'enfants encapuchonnés et se tenant par la main.

Signé à droite : *Bonnard* et daté : *98*.

Peinture sur carton. Haut., 34 cent.; larg., 52 cent.

CALS

(ADOLPHE-FÉLIX)

1810-1880

8 — *Buste de Jeune Femme.*

Une jeune femme est vue de face, le visage encadré de longs cheveux noirs, les épaules couvertes d'une écharpe de laine rouge.

Signé à gauche, au-dessus de l'épaule, et daté : *1852*.

Panneau de forme carrée, en un cadre ovale. Haut., 16 cent.; larg., 13 cent. 1/2.

CARRIÈRE

(EUGÈNE)

9 — *Portrait d'Edmond de Goncourt.*

L'écrivain est représenté de face, en vêtement noir, sur lequel se détache, à droite, la note claire d'une large cravate blanche. A gauche, la lumière caresse les plans énergiquement modelés du visage aristocratique encadré par les cheveux blancs.

Signé à gauche : *Eugène Carrière* et daté : *Juin 1892.*

Toile. Haut., 46 cent.; larg., 38 cent.

(*N° 103 du Catalogue de l'Exposition Carrière,
École des Beaux-Arts, Paris, 1907.*)

CARRIÈRE

(EUGÈNE)

10 — *Portrait de M. Charles Morice.*

Le poète est vu en buste, le corps de trois quarts, la tête presque de face. La lumière se concentre dans la partie supérieure du tableau, sur le large front, le nez mince, la fine moustache et la barbe en pointe. Au col, une cravate noire. La main droite tient une cigarette.

Signé à droite : *Eugène Carrière*, avec dédicace : *Au poète Charles Morice.*

Toile. Haut., 73 cent.; larg., 60 cent.

(*Salon de la Société Nationale des Beaux-Arts, 1893.*)

(*N° 107 du Catalogue de l'Exposition Carrière,
École des Beaux-Arts, Paris, 1907.*)

CARRIÈRE
(EUGÈNE)

1849-1906

11 — *La Leçon d'écriture.*

La petite fille conduit le porte-plume sur la page blanche. Le garçon, attentif, la main gauche posée sur la main droite de sa sœur, regarde se former l'écriture. A droite, sur la table, l'encrier.

Signé à droite : *Eugène Carrière.*

Toile. Haut., 53 cent.; larg., 41 cent 1 2.

CARRIÈRE
(EUGÈNE)

12 — *Masque d'Enfant (1886).*

La tête est légèrement inclinée vers la droite : le regard vif et interrogateur. Sous la coiffure, le nez spirituel, le front bombé, se modèlent en pleine valeur dans la lumière.

Signé à gauche : *Eugène Carrière.*

Panneau. Haut., 23 cent.; larg., 16 cent. 1/2.

(Exposition Carrière, Galerie Boussod, avril 1891.)

*(Nº 20 du Catalogue l'Exposition de Carrière,
à l'École des Beaux-Arts, Paris, 1907.)*

CARRIÈRE

(EUGÈNE)

13 — *Élise aux cheveux blonds (1884).*

Portrait de jeune fille à l'expression attentive, vue de face, le front découvert, le regard noir et vif, avec, aux oreilles, la lueur de deux petites boucles d'argent. Costume noir sur fond sépia.

Signé à gauche : *Eugène Carrière.*

Toile. Haut., 35 cent.; larg., 27 cent.

(*N° 7 du Catalogue de l'Exposition Carrière,
à l'École des Beaux-Arts, Paris, 1907.*)

CARRIÈRE

(EUGÈNE)

14 — *L'Enfant à la collerette.*

Un garçonnet blond, aux cheveux courts, le front en pleine lumière, à l'expression grave et songeuse, est vu de face, jusqu'aux épaules. Il porte une collerette blanche et est vêtu d'un costume noir.

Fond vert.

Signé à gauche : *Eugène Carrière.*

Toile. Haut., 32 cent.; larg., 24 cent.

(*Exposition Carrière, Galerie Boussod, avril 1891.*)

CASSATT
(MARY)

15 — *La Femme au tournesol.*

Une jeune femme blonde est assise dans un fauteuil de
bois laqué vert. Elle est vêtue d'un ample peignoir à
manches jaunes, très décolleté, orné d'une grosse fleur
de tournesol, et tient sur ses genoux un enfant nu, auquel
elle présente de la main droite un miroir rond où il se
regarde. A gauche, dans la glace à bordure verte, la
scène familiale se réflète.

Signé à droite : *Mary Cassatt.*

Toile. Haut., 91 cent.; larg., 73 cent.

*(Exposition Cassatt, Galeries Durand-Ruel, 1908. N° 6 du Catalogue,
sous le titre :* Le Miroir.)

COTTET

(CHARLES)

16 — *Bretonnes à l'église, l'Enterrement.*

Des Bretonnes, en coiffes blanches et en cols noirs, se détachent, comme une frise en note claire sur le mur de l'église où l'on distingue les médaillons de deux stations du chemin de croix. A droite, au premier plan, le cercueil recouvert du drap noir orné de la croix blanche, près duquel est agenouillée une jeune paysanne vêtue de noir, coiffée d'un petit bonnet blanc.

Signé à droite : *Ch. Cottet.*

Panneau. Haut., 33 cent.; larg., 41 cent. 1/2.

DAUMIER

(HONORÉ)

1808-1879

17 — *Satyres.*

L'un d'eux, à la peau bistrée, s'est élancé sur une femme dont on aperçoit vers la droite la tête et le buste. L'autre satyre, aux cheveux rouges, se profile à gauche, sur un ciel bleu limité dans le haut par un large nuage blanc.

Panneau. Haut., 9 cent.; larg., 24 cent.

DENIS
(MAURICE)

18 — *Procession sous les arbres.*

Parmi des quinconces, dont les feuillages se découpent en arabesques violettes sur le sol orangé, quatre jeunes femmes voilées de blanc se dirigent deux par deux vers la gauche ; plus loin, deux groupes de femmes, de noir vêtues, passent mystérieusement.

Signé du monogramme : *M. A. D.* à droite, et daté : 92.

Toile. Haut., 59 cent.; larg., 81 cent.

(Cinquième Exposition des peintres impressionnistes et symbolistes chez le Barc de Boutteville et Exposition de La Dépêche, 1894.)

DENIS
(MAURICE)

19 — *Le Bord du lac.*

Au fond, devant un ciel clair, l'écran de feuillages ajourés et jaunis par l'automne, au bord de l'eau qui miroite. Au premier plan, près du rivage, quelques barques et quatre jeunes femmes, dont deux sont nues, tandis que les autres sont vêtues de tuniques blanches.

Signé du monogramme : *M. A. U. D.* à droite.

Toile. Haut., 50 cent.; larg., 46 cent.

DENIS
(MAURICE)

20 — *Crépuscule.*

Au premier plan, sur un radeau surmonté d'un abri, trois femmes ; derrière elles, la rivière calme reflète un feuillage sombre et les troncs des arbres, éclairés à contre-jour, qui se profilent sur un ciel crépusculaire.

Signé à gauche : *Ma. Denis* et daté : *Avril 90.*

Toile. Haut., 55 cent.; larg., 46 cent.

DUHEM
(HENRI)

300
360.
C. Roger Marx

21 — *Jardin à Douai.*

Au premier plan, dans un mur de clôture, la grille donnant accès à une large allée bordée d'arbres; au fond, le pavillon central d'une maison de campagne.

Effet de crépuscule.

Signé à gauche : *Henri Duhem.*

Toile. Haut., 71 cent.; larg. 53 cent.

FANTIN-LATOUR
(HENRI)
1836-1904

2500
2300
(Pacquement)

22 — *Femme couchée.*

Vue de face, elle dort appuyée sur un coussin recouvert d'une draperie blanche, la tête sur le bras replié, l'autre bras allongé le long du corps. A gauche, dans le fond, un rideau rouge.

Signé à droite : *Fantin* et daté : *76.*

Toile. Haut., 18 cent.; larg., 37 cent.

*(N° 702 du Catalogue de l'œuvre de Fantin-Latour,
par Madame Fantin-Latour, Paris, 1911.)*

FANTIN-LATOUR
(HENRI)
1836-1904

4000
5.800
(Bruhl)

23 — *Les Brodeuses.*

Deux femmes sont assises dans un intérieur aux tons harmonieux. L'une d'elles, à gauche, vue de profil près d'une fenêtre, se penche sur son métier à broder. L'autre, à droite, derrière un meuble recouvert d'une étoffe rouge, semble trier des soies de couleur.

Signé à droite : *Fantin* et daté : *57.*

Toile. Haut., 30 cent.; larg., 30 cent.

*(Exposition Fantin-Latour, École Nationale des Beaux-Arts,
Paris, 1906.)*
(Vente Vitu. N° 84 du Catalogue de l'œuvre de Fantin-Latour.)

FANTIN-LATOUR

(HENRI)

1836-1904

24 — *Apothéose de Berlioz.*

Dans le haut, vers la droite vivement éclairée, décorée de guirlandes, la plaque de marbre où est inscrit le nom de Berlioz, vers lequel une fillette à cheveux nattés tend une couronne de feuillages.

Au pied du monument, une femme debout, vêtue d'un costume sombre, tient dans sa main gauche un parchemin déployé. A droite, est assise une figure demi-nue. De l'autre côté, un enfant ailé et une femme élevant une palme d'or. Au premier plan, une jeune fille en blanc porte des fleurs et des couronnes.

Signé à gauche : *Fantin* et daté : 75.

Toile. Haut., 62 cent.; larg., 52 cent.

Première idée du tableau du Musée de Grenoble.

(Exposition Fantin-Latour, Ecole Nationale des Beaux-Arts, Paris. 1906.)

(N° 70 du Catalogue de l'œuvre de Fantin-Latour, sous le titre L'Anniversaire.)

FANTIN-LATOUR

(HENRI)

1836-1904

25 — *Vision.*

Portant le bouclier et la lance, le héros s'avance vers une figure de rêve, vêtue d'étoffes claires, la tête appuyée sur la main droite. Derrière elle, deux anges debout, dont l'un joue du théorbe.

Signé vers le milieu : *Fantin* et daté dans le haut à gauche : 7 Janvier 1869.

Toile. Haut., 22 cent. 1/2; larg., 24 cent.

(N° 320 du Catalogue de l'œuvre de Fantin-Latour.)

FANTIN-LATOUR

(HENRI)

1836-1904

26 — *Prélude de Lohengrin.*

Vêtu d'une tunique bleue, debout, un ange ailé élève le Graal dans un geste d'invocation. Autour de lui, sont groupés quelques personnages ; l'un d'eux joue de la tuba. Un chevalier, au premier plan, est agenouillé. A droite, quelques figures dont l'une est enveloppée d'un manteau rouge.

Signé à gauche : *Fantin.*

Toile. Haut., 35 cent. ; larg., 45 cent.

(*N° 2206 du Catalogue de l'œuvre de Fantin-Latour.*)

GAILLARD

(CLAUDE-FERDINAND)

1834-1887

27 — *Jeune Femme.*

De beauté délicate et quelque peu romantique, son visage s'éclaire sur un arrière-plan d'ombre. La lumière caresse les cheveux blonds et ondulés, le front lisse, les yeux tristes, la ligne fine du nez, le dessin d'une bouche spirituelle et d'un menton délicat.

Le corps est légèrement incliné. La robe bleue est très simple et n'a pour parure qu'un gracile flot de dentelle.

Au verso : une étude pour une tête de femme.

Panneau. Haut., 45 cent.; larg., 38 cent.

(*Vente Gaillard, 1889.*)

GAUGUIN
PAUL
1848-1903

28 — *Femmes nues au bord de l'eau.*

Au premier plan d'un paysage montagneux, aux roches couvertes de mousse, une jeune femme nue se dirige vers l'étang que l'on aperçoit à gauche. De sa main droite, elle s'appuie sur un rocher au pied duquel elle a posé ses vêtements.

Sur la berge, à côté d'un arbre dont le tronc élancé monte jusqu'au haut du paysage, sa compagne, dévêtue, vient d'entrer dans l'eau et, d'une main, ramène sa chevelure rousse.

Signé à droite : *Gauguin* et daté : *87*.

Toile. Haut., 92 cent.; larg., 72 cent.

(*Vente Gauguin, 1891.*)

GUIGUET

(FRANÇOIS)

29 — *Rêverie d'Enfant.*

Vue en buste, en robe blanche, une fillette aux cheveux blonds, les yeux bleus à l'expression câline, s'appuie sur son bras droit.

Signé à gauche : *F. Guiguet.*

Toile. Haut., 24 cent.; larg., 33 cent.

GUILLAUMIN

(ARMAND)

30 — *La Vallée de la Sédelle.*

A gauche, au fond d'une gorge, la rivière se divise en méandres bleus parmi les roches; plus loin, la berge rousse monte brusquement. Au premier plan, quelques arbres grêles et, vers la droite, des taillis épais, aux feuillages dorés par l'automne. Au centre, au delà des arbres, trois maisons à toits de tuiles rouges.

Ciel bleu parsemé de nuages rose-clair.

Signé à droite : *Guillaumin.*

Toile. Haut., 65 cent.; larg., 80 cent.

HENNER

(J.-J.)

1829-1905

31 — *Madeleine.*

La pécheresse, les cheveux ondoyants et déployés en
une large nappe, est couchée, nue, sur une draperie
brun roux. Son bras gauche replié sous la poitrine, la
tête appuyée sur la main droite, elle regarde un grand
livre.

Au verso : *A Monsieur Roger Marx. Souvenir affectueux d'Henner,
1883.*

Panneau. Haut., 10 cent. 1/2 ; larg., 23 cent. 1 2.

LAURENT

(ERNEST)

32 — *Femme assise.*

Vue de dos, assise sur une chaise et légèrement
inclinée vers la cheminée, une jeune femme, nue, maintient sur ses genoux un voile rose dont les tons fins
s'accordent avec la note blanche d'une étoffe posée sur
la chaise.

Signé à droite : *Ernest Laurent.*

Peinture sur carton. Haut., 54 cent. 1/2 ; larg., 45 cent.

LAURENT

(ERNEST)

33 — *Les Anémones.*

Sur l'angle d'une cheminée de marbre gris, un verre
en cristal dans lequel s'épanouissent des anémones
rouges, blanches, violettes. A gauche, un petit vase en
porcelaine blanche. Sur la tenture du fond, on aperçoit
le bas d'un cadre.

Signé du monogramme : *E. L.* à droite et daté à gauche : *1903.*

Toile. Haut., 40 cent. ; larg., 30 cent.

LEBOURG

(ALBERT)

34 — *Neige en Auvergne.*

A gauche, un pont de pierre conduit à une maison à deux étages qui semble en garder l'entrée. A droite, sur la rivière, flottent des glaçons. Sur la berge, au premier plan du paysage accidenté, une rangée de petits arbres. Au fond, et occupant toute la largeur de la composition, une longue ligne de coteaux.

Signé à gauche : *A. Lebourg.*

Toile. Haut., 59 cent.; larg., 81 cent.

(*Exposition Centennale de 1900. N° 407 du Catalogue.*)

LEBOURG

(ALBERT)

35 — *Brume du matin. — Pont d'Austerlitz.*

A droite, la berge couverte d'une herbe clairsemée, où sont amarrés en double ligne les chalands et les remorqueurs s'apprêtant à partir. A gauche, l'autre rive s'estompe dans les tons gris rose du ciel.

Signé à droite : *Albert Lebourg.*

Toile. Haut., 42 cent.; larg., 73 cent.

LEBOURG

(ALBERT)

36 — *Vue de Rouen.*

La lumière argentée des matins rouennais baigne le quai et les chalands amarrés au premier plan à gauche, la flèche de la cathédrale et une perspective de maisons, dont les pignons sont éclairés, à droite, par le jour naissant.

Signé à droite : *A. Lebourg.*

Toile. Haut., 40 cent.; larg., 65 cent.

LEBOURG
(ALBERT)

37 — *Un Quai de la Seine. — Paysage d'hiver.*

A droite, le quai couvert de neige et s'élargissant vers
le fond. Une rangée de tonneaux s'aligne sur la berge
limitée par des maisons. A gauche, le fleuve. A l'horizon,
un grand pont. Ciel nuageux avec trouée bleu-vert au
centre.

Signé à gauche : *A. Lebourg.*

Toile. Haut., 38 cent.; larg., 61 cent.

LEBOURG
(ALBERT)

38 — *Le Bassin d'Honfleur.*

Dans la clarté légère du matin, le bassin d'Honfleur
au centre; à quai, une goélette à deux mâts. Au premier plan, à droite, un canot; au fond, la ville et ses
coteaux.

Signé à gauche : *A. Lebourg* et daté : *Honfleur, 1901.*

Toile. Haut., 40 cent.; larg., 65 cent.

LEBOURG
(ALBERT)

39 — *Honfleur. — Matinée de printemps.*

Dans le port aux eaux bleues, quelques barques. Au
fond, les quais et le groupement pittoresque des maisons.
Dépassant la ligne des collines, la flèche d'une église se
silhouette dans le ciel.

Signé à gauche : *Albert Lebourg, Honfleur.*

Toile. Haut., 40 cent.; larg., 65 cent.

LEBOURG
(ALBERT)

40 — *A Bois-Guillaume, près Rouen.*

Les constructions de la ville occupent une vallée
limitée, au fond, par des coteaux. Au milieu, se dresse
la cathédrale de Rouen. A gauche, au delà des maisons
du premier plan, une prairie et des bosquets. Du même
côté, le clocher de pierre de Bois-Guillaume.

Signé à gauche : *A. Lebourg, Rouen.*

Toile. Haut., 46 cent.; larg., 73 cent.

LEBOURG
(ALBERT)

41 — *Vue de Honfleur.*

A gauche, le quai haut où des voitures chargent des
denrées. Au fond, les maisons de la ville. Vers la droite,
dans le port, quelques bateaux à coques noires et hautes
mâtures. Sur l'autre rive, diverses embarcations.
Fond de collines.

Signé à gauche : *A. Lebourg* et daté : *1878.*

Toile. Haut., 30 cent.; larg., 58 cent.

LEBOURG
(ALBERT)

42 — *Rouen.*

La côte Sainte-Catherine occupe toute la gauche du
tableau. Au premier plan, le quai et, plus loin, des usines
aux toits couverts de neige.
Sur le fleuve, un train de chalands. Au loin à droite,
des peupliers. A l'horizon, les coteaux d'Amfreville-la-
Mi-Voie.

Signé à gauche : *Albert Lebourg, Rouen.*

Toile. Haut., 38 cent ; larg., 61 cent.

LEBOURG
(ALBERT)

43 — *Matin d'Hiver.*

Sous la neige, le quai et ses maisons, un ponton d'embarquement et le rivage tournant vers la droite.

Au premier plan, un cheval et son cavalier. A droite, le fleuve où se reflètent les feux de l'aube rose. Au fond, une chaîne de collines s'estompant dans les brumes.

Signé à gauche : *A. Lebourg.*

Toile. Haut., 38 cent.; larg., 60 cent. 1/2.

LEBOURG
(ALBERT)

44 — *Notre-Dame de Paris.*

Au premier plan, sur le quai, une coulée d'ombre gris bleu. Plus loin, en plein soleil, un homme debout.

A droite, la cabine d'un ponton; au fond à gauche, le pont Notre-Dame continué par le terre-plein de l'abside. Émergeant des arbres, la masse imposante de la cathédrale.

Signé à droite : *A. Lebourg* et daté : *1900.*

Toile. Haut., 45 cent. 1/2; larg., 55 cent.

LEBOURG
(ALBERT)

45 — *Quai de la Seine. — Matin de Printemps.*

Au premier plan, en contrebas, le quai avec des pontons. A droite, plus loin, une maisonnette aux murs rouges que dépassent deux arbres menus. A gauche, sur la Seine, un remorqueur d'où s'échappe un panache de fumée blanche.

Tout au fond, un pont et la silhouette de plusieurs constructions.

Signé à droite : *A. Lebourg, Paris.*

Toile. Haut., 39 cent.; larg., 61 cent.

LEBOURG
(ALBERT)

46 — *Le Port de Rotterdam. — Crépuscule du matin.*

Dans la brume, un quartier de la ville avec deux moulins profilés sur le ciel gris ; au milieu, une goélette haut mâtée. A gauche, d'autres bateaux sont amarrés le long du rivage. Dans le ciel, quelques nuages commencent à rosir.

Signé à droite : *A. Lebourg* et daté : *Rotterdam 1891.*

Toile. Haut., 40 cent.; larg., 65 cent.

LEBOURG
(ALBERT)

47 — *Le Boulevard et la Mosquée de la Pêcherie à Alger.*

Une promenade où, parmi les ombrages vert sombre éclairés à gauche par une éclatante lumière, la mosquée à droite arrondit son dôme sous les feuillages.

Signé à gauche : *A. Lebourg* et daté : *Le Hammam 1875.*

Toile. Haut., 31 cent.; larg., 46 cent.

LEBOURG
(ALBERT)

48 — *Le Port d'Alger.*

Au premier plan, à droite, les eaux miroitantes du port de la Pêcherie. Au fond, du même côté, sont amarrés des bateaux noirs, au pied des arcades et des terrasses blanches. A gauche, l'arche d'une voûte que surmonte un bâtiment à coupole ; plus loin, un minaret. Ciel nuageux.

Signé à gauche : *A. Lebourg* et daté : *Alger 1876.*

Toile. Haut., 31 cent.; larg., 46 cent. 1/2.

LEBOURG
(ALBERT)

49 — *Le Bazar oriental.*

C'est tout le pittoresque d'un coin de souk : grands paniers débordants de fruits roses, étoffes et coussins suspendus autour de la porte... Au fond à droite, au delà d'une maison au crépi blanc, quelques personnages à l'entrée d'une rue bordée de hautes murailles.

Signé à droite : *A. Lebourg.*

Toile. Haut., 45 cent.; larg., 37 cent.

LEBOURG
(ALBERT)

50 — *Rouen. — La Côte Sainte-Catherine.*

Au premier plan, sur la berge de la Seine qui tourne à gauche au pied des usines, des débardeurs sont au travail. Dans la lumière rose du ciel crépusculaire, la ligne blonde des coteaux s'incurve à droite et se reflète dans le fleuve. A l'horizon, un rideau de peupliers, le pont du chemin de fer, dans une atmosphère gris bleu ; plus loin, l'autre rive et quelques bateaux.

Signé à gauche : *A. Lebourg* et daté : *Rouen 1894.*

Toile. Haut., 65 cent.; larg., 100 cent.

LEPÈRE
(AUGUSTE)

51 — *Les Débardeurs.*

A droite, sur la berge, un tombereau bleu que vient de charger un débardeur. A gauche, le fleuve contourne le quai où sont amarrés plusieurs chalands.

Au fond, dans la lumière rose, un pont reliant les deux rives.

Signé à gauche : *A. Lepère.*

Peinture sur carton. Haut., 12 cent. 1 2; larg., 21 cent.

LEPÈRE

(AUGUSTE)

52 — *En Vendée.*

Au premier plan, à droite, une femme accompagnée d'un enfant traverse le pré limité à gauche par une ferme et un moulin aux grandes ailes déployées.

Signé à droite : *A. Lepère.*

Toile. Haut., 38 cent.; larg , 56 cent.

LEPÈRE

(AUGUSTE)

53 — *Laveuses au bord de l'Oise.*

Sur le rivage ensoleillé, cinq laveuses sont agenouillées près de leurs paniers et battent le linge. A gauche, un arbre dont les feuillages projettent leur ombre sur la rivière bleue. Au fond, une berge plate à l'horizon, la ligne des coteaux au pied desquels s'aligne une rangée d'arbres. Quelques nuages roses dans le ciel bleu clair.

Signé à droite : *Lepère.*

Toile. Haut., 50 cent.; larg., 66 cent.

LÉPINE

(STANISLAS)

1836-1892

54 — *Bords de la Seine.*

Vers la droite d'une berge plate, près d'une borne, une ancre dont la pointe s'enfonce dans le sable. A gauche, trois laveuses au bord du fleuve bleu sous le ciel clair. Sur l'autre rive, au delà des bateaux amarrés, quelques groupes de constructions.

Signé à droite : *S. Lépine.*

Panneau. Haut., 17 cent.; larg., 23 cent. 1/2.

LÉPINE

(STANISLAS)

55 — *Vue de Paris.*

Au premier plan, la Seine. Sous l'arche métallique du pont, un remorqueur dont l'avant est strié de rouge et de blanc. A droite, un bouquet d'arbres et les quais de l'île Saint-Louis. Au fond, se profilant dans le ciel bleu, les constructions de l'Hôtel de Ville.

Signé à droite : *S. Lépine.*

Panneau. Haut., 16 cent.; larg., 24 cent.

LÉPINE

(STANISLAS)

56 — *Bords de rivière.*

Au premier plan, la rivière bordée à gauche par une auberge abritée par un massif touffu. Au fond à droite, des maisons dans la verdure.

Au verso, un paysage : arbres dans une prairie (effet de soleil couchant).

Signé à gauche : *S. Lépine.*

Panneau. Haut., 14 cent.; larg., 23 cent.

LÉPINE

(STANISLAS)

57 — *Le petit bras de la Seine, quai de Béthune.*

Au premier plan, la Seine où des chalands sont amarrés à gauche, au pied du quai de Béthune. Plus loin, le pont Louis-Philippe descend vers la berge opposée que bordent de hautes maisons. Le soleil, éclairant leurs façades, est atténué par de légers nuages gris qui traversent le ciel.

Signé à gauche : *S. Lépine.*

Toile. Haut., 33 cent.; larg., 40 cent.

LÉPINE

(STANISLAS)

58 — *Village au bord de la Seine.*

A gauche, enveloppées de lumière matinale, les maisons et le clocher du village se reflètent dans le fleuve
qui s'élargit vers le premier plan et où passe un remorqueur. Ciel blond rosé.

Signé à droite : *S. Lépine.*

Panneau. Haut., 15 cent. 1/2 ; larg., 23 cent.

MANET

(ÉDOUARD)

1832-1883

59 — *Le Bassin d'Arcachon.*

Il est limité à gauche par le rivage, au loin par une
ligne de coteaux derrière lesquels subsiste à peine un
dernier accent de lumière. A droite, dans le haut du
ciel, une éclaircie. Vers le milieu, un voilier, à double
mâture, et, au premier plan, quatre barques.

Signé à gauche : *Manet.*

Toile. Haut., 25 cent.; larg., 30 cent.

*Cité dans : « Histoire d'E. Manet », par Th. Duret, p. 225,
sous le n° 134. (Époque 1871-1872.)*

MANET

(ÉDOUARD)

6o — *La Sultane.*

Debout, la tête légèrement inclinée et couverte d'un foulard jaune et noir, elle est vêtue d'une gandoura blanche échancrée en pointe sur la poitrine et laissant deviner, sous son tissu transparent, les chairs roses, le mouvement des seins et le modelé du corps. Elle est parée d'un double collier de corail et de longs pendants d'oreilles. Ses avant-bras sont nus ; sa main droite tient un éventail carré en brins d'alfa de couleur.

Au premier plan, sur le sol couvert d'une natte, le narghilé au tube entortillé sur l'anse, puis, au fond, un coussin d'étoffe chatoyante.

Signé à gauche : *Manet.*

Toile. Haut., 95 cent.; larg., 74 cent. 1/2.

*Cité dans : « Histoire d'E. Manet », par Th. Duret, p. 246,
sous le n° 14 et le titre : « Jeune Femme en costume
oriental ». (Epoque 1875-77.)*

MONET

(CLAUDE)

6 1 — *Le Pont d'Argenteuil (1872).*

A gauche, dans la lumière blonde, une grande maison carrée occupe une pointe de la berge, près d'une villa abritée par de grands peupliers. A droite, un bateau à vapeur dont la cheminée dégage des panaches de fumée. Surplombant la rivière, le tablier métallique du pont soutenu par la massive pile de maçonnerie, qui projette son ombre sur la Seine, traverse tout le haut de la composition.

Signé à gauche : *Claude Monet.*

Toile. Haut., 5o cent.; larg., 65 cent.

MONTICELLI

(ADOLPHE)

1824-1886

62 — *A Endoume.*

A gauche, une haute bâtisse rouge-brun à laquelle s'accole une autre construction plus basse, le tout vu en contre-jour. Au premier plan, à droite, une barque noire, et le clapotis de la petite baie, où les vagues courtes viennent se briser au pied des murs. Au delà des eaux reflétant leurs silhouettes, les maisons se profilent dans un ciel rougeoyant.

Signé à droite : *Monticelli*.

Panneau. Haut., 37 cent.; larg., 48 cent.

MONTICELLI

(ADOLPHE)

63 — *La Marchande d'huile.*

Assise et tournée vers la droite, une jeune femme en costume de paysanne italienne : corsage rouge foncé, jupe verte, tablier brun à bordure vert-clair, les épaules couvertes d'un fichu blanc, tient sur ses genoux une grande écuelle de terre brune. A droite, un large éclat de lumière contrastant avec la tonalité sombre du fond.

Signé à gauche : *Monticelli*.

Panneau parqueté. Haut., 50 cent.; larg., 40 cent.

QUOST

(ERNEST)

64 — *Iris.*

Au premier plan, dans les hautes herbes, quelques pieds de primevères et de bégonias d'où émerge une large touffe d'iris jaunes.

Signé à droite : *E. Quost*.

Toile. Haut., 50 cent.; larg., 42 cent.

RAFFAËLLI

(JEAN-FRANÇOIS)

65 — *Route de banlieue.*

A droite, un groupe de chevaux dont le conducteur vient de chercher deux seaux d'eau. A gauche, un arbre sur un talus. Au loin, un charretier, près de son attelage, fait claquer son fouet.

Signé à gauche : *J.-F. Raffaëlli.*

Peinture sur papier. Haut., 11 cent.; larg., 15 cent.

RAFFAËLLI

(JEAN-FRANÇOIS)

66 — *Le Raccommodeur de souliers.*

Vêtu d'une blouse bleue et coiffé d'une casquette, assis sur un panier, devant un mur, il répare une chaussure qu'il serre entre ses genoux. A ses pieds, sur le sol, divers accessoires : formes à souliers, petites fioles, boites à cirage. Au fond, à droite, dans la rue aux jardins clos de murs, passent une petite fille et un chien.

Signé à droite : *J.-F. Raffaëlli.*

Panneau. Haut., 55 cent.; larg., 47 cent.

(Exposition Galeries Manzi, 1912)

RENOIR

(PIERRE-AUGUSTE)

67 — *Femme arabe* (*1882*).

Vue en buste, en vêtement vert-clair, elle porte sur la tête un voile d'étoffe rouge et jaune, d'où s'échappent sur les tempes quelques mèches de cheveux noirs.

Signé à gauche : *Renoir*.

Toile. Haut., 24 cent.; larg., 16 cent.

RENOIR

(PIERRE-AUGUSTE)

68 — *Jeune Femme en bleu.*

Elle est vue à mi-corps, sur un fond bleu. Sa tête aux cheveux d'un blond doré, ses joues colorées de chaudes carnations, ses grands yeux clairs tournés vers la gauche sont en pleine lumière et la bouche mutine esquisse un sourire. Autour du cou, des brides de tulle retiennent la coiffure qui couvre une partie de la tête.

Signé à droite : *Renoir*.

Toile reportée sur carton. Haut., 54 cent.; larg., 35 cent.

RENOIR

(PIERRE-AUGUSTE)

69 — *Buste de Femme.*

La tête de trois quarts, presque de profil, coiffée d'un chapeau tyrolien, dont le bord est orné d'une grande plume, une jeune femme, aux cheveux blonds, vêtue d'un corsage bleu-clair, regarde vers la gauche.

Signé du monogramme à gauche.

Toile. Haut., 20 cent.; larg., 15 cent.

RIBOT

(THÉODULE)

1823-1891

70 — *Le Vieux pêcheur.*

Portant au menton un collier de barbe grise, il est vu en buste, la tête découverte, et regarde vers la droite.

Signé à droite : *T. Ribot.*

Toile. Haut., 46 cent.; larg., 38 cent.

(Exposition Ribot, Galeries Bernheim, 1887.)

(Exposition de la Dépêche, Paris, 1894.)

RIBOT

(THÉODULE)

71 — *La Lecture.*

En costume noir, la tête coiffée d'un bonnet blanc, les deux mains rapprochées sur les genoux, les pieds sur un escabeau, elle est assise et lit une lettre. A gauche, sur une embase de pierre grise, une cruche verte, un petit mortier et un pot brun.

Signé à droite : *T. Ribot.*

Toile. Haut., 46 cent.; larg., 38 cent.

(Exposition Ribot, Galeries Bernheim, 1887.)

(Exposition Ribot, École des Beaux-Arts, Paris, 1892.)

SEURAT

(GEORGES)

1859-1891

72 — *La Tour Eiffel.*

Occupant toute la hauteur de la composition, les constructions de la Tour; au premier plan, le pont d'Iéna. A gauche, se profilant dans le ciel, les feuillages d'un arbre.

Panneau. Haut., 25 cent.; larg., 15 cent.

SIMON

(LUCIEN)

73 — *Bigoudènes.*

Vêtues de leurs habits de fête, elles traversent la place entourée de maisons. Au centre, une jeune femme porte dans ses bras un enfant habillé de blanc. Plus loin, au delà d'un petit mur, la foule des paysans et des paysannes. A gauche, le pignon de l'église.

Ciel voilé.

Signé à gauche dans le haut : *L. Simon.*

Toile. Haut., 97 cent.; larg., 77 cent,

STEINLEN

(THÉOPHILE-ALEXANDRE)

74 — *Le Café.*

A gauche, des tables occupent la terrasse où sont installés plusieurs groupes de buveurs. A travers les glaces on aperçoit la salle illuminée, le comptoir, le patron et trois clients. A droite est la sombre rue de faubourg que traversent une petite fille portant un seau ; plus loin, deux femmes avec des ballots de linge sur l'épaule. Au fond, dans la pénombre, des passants et l'attelage d'un omnibus.

Signé à droite : *Steinlen.*

Toile. Haut., 75 cent.; larg., 1 m. 15 cent.

TOULOUSE-LAUTREC

(HENRI DE)

1864-1901

75 — *Dans le lit.*

Dans un grand lit couvert d'une courtepointe à ramages rouges et verts, deux visages reposent sur de grands oreillers. Le personnage de gauche, aux cheveux ébouriffés, a ramené contre sa joue le drap qui retombe le long du lit en une large bande claire. L'autre tête est complètement dégagée.

Signé dans le haut à gauche : *H. T. Lautrec.*

Peinture sur carton Haut., 53 cent.; larg., 60 cent.

TOULOUSE-LAUTREC

(HENRI DE)

76 — *Au Moulin Rouge.*

Au premier plan, une blonde coiffée d'un petit toquet à plume, vêtue d'une ample pèlerine sombre.

Plus loin, vu de face, un spectateur, mains au dos, en chapeau haut de forme, cravaté de noir, vient de croiser une femme en costume gris bleu.

A gauche, une blonde assise, au profil aigu, en chapeau hérissé, est attablée avec un personnage à moustache noire.

Signé du monogramme : **H. T. L.**, dans le haut à gauche, près du cadre. A gauche en bas, l'inscription au crayon : *I. Moulin Rouge.*

Peinture à l'essence. Haut., 54 cent. 1/2 ; larg., 43 cent.

TOULOUSE-LAUTREC

(HENRI DE)

77 — *Chanteur comique.*

Vêtu d'un complet à grands carreaux, les mains gantées de jaune, et dont l'une retient un petit chapeau melon, il est représenté debout, le profil se détachant sur un fond de feuillages.

Signé du monogramme : *H. T. L.*

Peinture à l'essence. Haut., 52 cent.; larg., 3⁹ cent.

TOULOUSE-LAUTREC

(HENRI DE)

78 — *Les Deux Femmes au bar.*

L'une, à gauche, coiffée d'un petit feutre d'homme avec un col de fourrure, vêtue de bleu gris; l'autre, blonde comme son amie, avec un chapeau à deux couteaux. Entre les deux femmes, la table, avec un verre et une petite coupe.

Au fond à gauche, quelques silhouettes en bleu gris.

Signé, vers la gauche, du monogramme : *H. T. L.*

Peinture à l'essence. Haut., 51 cent. 1/2; larg., 31 cent. 1/2.

VALLOTON

(FÉLIX)

79 — *Les Passants.*

Devant les magasins plusieurs femmes circulent. Leurs vêtements multicolores se détachent en note vive sur la chaussée grise. A droite, un passant couvert d'un ample manteau à carreaux.

Signé à gauche : *F. Valloton.*

Peinture à l'essence, sur carton. Haut., 32 cent.; larg., 45 cent.

VIGNON

(VICTOR)

1847-1909

80 — *Les Masures, près Auvers-sur-Oise.*

Un sentier, longeant un mur de clôture qui monte vers la gauche, aboutit à un pignon lézardé à côté duquel on aperçoit une maison au toit couvert de tuiles rouges, puis une autre dont la couverture est en ruines. Au delà du mur, en contrebas, les maisons du village et un jardin que traverse une femme.

Ciel nuageux.

Signé à droite en bas : *V. Vignon.*

Toile. Haut., 33 cent.; larg., 40 cent. 1/2.

VIGNON
(VICTOR)

81 — *La Côte Saint-Nicolas à Auvers-sur-Oise.*

Au premier plan, les terres labourées limitées à gauche
par un verger où une chèvre broute l'herbe au pied d'un
grand arbre. Au delà d'un mur, les maisons du village;
plus loin, sous le ciel où passent quelques nuages blancs,
les vallonnements de la côte Saint-Nicolas montant en
pente douce.

Signé à droite : *V. Vignon* et daté : *83.*

Toile. Haut., 35 cent.; larg., 44 cent.

(Exposition Vignon, Galeries Bernheim, 1894.)

VIGNON
(VICTOR)

82 — *Le Chemin de Four à Auvers.*

Le chemin qui tourne vers la gauche conduit au hameau
dont les maisons longent, au fond, les deux côtés du
site. A gauche, en bordure du chemin, un arbre dénudé.
A droite, les champs labourés. Au delà du hameau, le
chemin monte jusqu'au sommet des coteaux.

Signé à droite : *V. Vignon.*

Toile. Haut., 32 cent. 1 2; larg., 46 cent.

VUILLARD
(EDOUARD)

83 — *La Fenêtre ouverte.*

A gauche, un vantail de la fenêtre ouverte est rabattu
contre le mur et découvre la balustrade de fonte à dessin
géométrique. La lumière du dehors, éclairant les façades,
pénètre dans l'appartement. A gauche, une femme debout,
près d'une chaise. A droite, une petite table.

Signé à droite : *E. Vuillard.*

Peinture sur carton. Haut., 57 cent.; larg., 44 cent.

VUILLARD

(ÉDOUARD)

84 — *Le Manteau noir.*

Une jeune femme en tunique blanche, les bras nus, est assise sur un canapé recouvert d'une étoffe à décor fleuri et déploie un manteau noir posé sur le dos d'une chaise. A droite, un carton à dessin.

Au verso, étude pour un jardin que traversent une femme et deux enfants.

Signé à droite : *E. Vuillard.*

Peinture sur carton. Haut., 61 cent.; larg., 80 cent.

VUILLARD

(ÉDOUARD)

85 — *Cour en automne.*

Au premier plan, la grande cour d'un vieil immeuble plantée d'arbres dont l'automne a déjà dépouillé les branches. Vers la gauche, un petit pavillon à trois pans de murs, ceux de droite vivement éclairés. Çà et là, à travers les branches, le soleil fait briller en notes claires les vitres des fenêtres.

Signé à droite : *E. Vuillard.*

Peinture sur carton. Haut., 32 cent. 1/2 ; larg., 77 cent.

VUILLARD

(ÉDOUARD)

86 — *Le Pot de fleurs.*

Sur une table couverte de toile cirée, un pot de grès
rustique, au col étroit, où se dressent quelques menues
tiges portant des fleurettes.

Signé à gauche : *E. Vuillard.*

Peinture sur carton. Haut., 54 cent.; larg., 34 cent.

VUILLARD

(ÉDOUARD)

87 — *La Nappe à carreaux.*

La famille est réunie autour de la table couverte d'une
nappe à carreaux rouges et blancs. A gauche, deux
figures ; à droite, un groupe composé de cinq femmes et
d'une fillette. Au fond, vers la droite, une fenêtre.

Signé à droite : *E. Vuillard.*

Peinture sur carton. Haut., 42 cent.; larg., 58 cent.

VUILLARD

(ÉDOUARD)

88 — *Breakfast.*

Vue de dos, une femme vêtue d'un corsage à carreaux
clairs et à large collerette, la main gauche retombant
contre sa chaise. De sa main droite, elle porte à ses
lèvres la tasse qu'elle vient de prendre sur la table.

Signé des initiales : *E. V.* à gauche, et daté : *82.*

Peinture sur carton. Haut., 31 cent. 1/2; larg., 27 cent. 1/2.

VUILLARD

(ÉDOUARD)

89 — *Repas de famille.*

Autour de la table où, sur la nappe, des fleurs mettent une note vive, la famille est réunie : une femme vue de face, un jeune homme vêtu de noir, et au premier plan une jeune fille se profilant sur la tenture grise.

Signé à gauche : *E. V.* et daté : *93.*

Peinture sur carton. Haut. 30 cent. 1/2 ; larg., 27 cent.

VUILLARD

(ÉDOUARD)

90 — *L'Enfant à la chaise.*

Vêtu d'un costume jaune à mouchetures, et assis sur un canapé, un enfant s'appuie de la main gauche sur une chaise pliante. A gauche, un carton à dessin.

Signé à gauche : *E. V.* et daté : *93.*

Peinture sur carton. Haut., 28 cent. 1/2 ; larg., 27 cent. 1/2.

VUILLARD

(EDOUARD)

91 — *La Femme au peignoir blanc.*

Une jeune femme élégante, debout et vue de dos, dans l'harmonie d'un intérieur moderne. Au premier plan, quelques meubles; au fond, une double porte aux panneaux moulurés.

Signé à droite : *E. Vuillard.*

Peinture sur carton. Haut., 51 cent. 1 2; larg , 58 cent.

VUILLARD

(EUGÈNE)

92 — *Etude de Femme en chemise.*

Debout vers la gauche, en chemise, les bras nus, le corps penché en un geste gracieux, une jeune femme sourit.

Au dos, esquisse pour un « intérieur ».

Signé à droite : *E. Vuillard.*

Peinture sur carton. Haut., 57 cent. 1 2 ; larg., 51 cent 1/2

PASTELS, AQUARELLES

DESSINS

BESNARD

(ALBERT)

93 — *Femme vue de dos.*

Le buste nu se détache sur un fond gris cendré ; la
nuque et la chevelure blonde, les épaules sont nacrées d'une
lumière douce qui semble rayonner des chairs d'ivoire.
Le coude droit repose sur les plis d'une étoffe qui contourne la taille de la jeune femme.

Signé des initiales : *A. B.* à droite, dans le haut.

Pastel. Haut., 34 cent.; larg., 22 cent.

BESNARD

(ALBERT)

94 — *Léda. (Projet de décoration.)*

Nue, Léda se tient debout dans la rivière, les mains
jointes derrière la nuque. Le cygne s'est élancé hors de
l'eau et, d'un battement d'ailes, se dresse contre la cuisse
droite de la femme. Derrière elle, sous des feuillages,
parmi des roseaux, d'autres cygnes.

Dessin au fusain. Diam., 77 cent.

BOUDIN

(EUGÈNE)

1824-1898

95 — *Plage à marée basse.*

Au premier plan, la plage où l'on aperçoit à droite deux barques échouées. Au fond, sous le ciel chargé de nuages, des voiles blanches apparaissent à l'horizon.

Estampille : *E. Boudin*, à droite.

Pastel. Haut., 18 cent. 1/2 ; larg., 26 cent.

BOUDIN

(EUGÈNE)

96 — *La Plage.*

Au premier plan, sur le rivage, au bord de la mer, deux femmes sont assises. Près d'elles, un enfant et un homme debout. Au fond, à droite, d'autres figures. A gauche, un petit chien.

A droite, cachet bleu aux initiales : *E. B.*

Aquarelle. Haut., 14 cent. 1/2 ; larg., 22 cent. 1/2.

BOUDIN

(EUGÈNE)

97 — *Les Cabines.*

Sur la plage, quelques cabines de bain.
Assis sur des chaises ou dans le sable, des groupes de baigneurs. Au loin, la mer.

A droite, cachet aux initiales : *E. B.* et daté : *1865.*

Aquarelle. Haut., 17 cent.; larg., 24 cent.

BRANGWYN

(FRANK)

98 — *La Pêche.*

Au premier plan, une embarcation conduite par quatre hommes qui relèvent le filet chargé de poissons. Au fond à droite, un bateau à voiles.

Dessin à l'encre et au lavis. Haut., 26 cent.; larg., 29 cent.

BRESDIN

(RODOLPHE)

1825-1885

99 — *Le Christ sur le lac.*

Au premier plan, de nombreuses embarcations où les mariniers exécutent diverses manœuvres. Plus loin, vers le centre, le Christ, monté sur une barque, et entouré de ses disciples, vient de réveiller Lazare que l'on aperçoit à droite sortant de la montagne. Au fond, des constructions à toits de chaumes sont échelonnées sur des collines.

État d'une gravure, retouché à l'encre de Chine. Haut., 21 cent.; larg., 33 cent.

CARRIÈRE

(EUGÈNE)

1849-1906

100 — *Le Bébé.*

Vu de profil, la tête tournée vers la gauche, le corps serré dans un maillot, il est coiffé d'un petit bonnet à trois pièces.

Signé vers le milieu : *Eugène Carrière.*

Dessin au crayon, noir rehaussé de blanc. Haut., 19 cent.; larg., 15 cent. 1/2.

CASSATT

(MARY)

101 — *La Lecture (1898).*

A droite, une jeune femme aux cheveux relevés sur le front, vêtue d'un corsage violet à col noir, montre à une fillette vêtue de blanc, assise à ses côtés, le livre ouvert qu'elle tient de ses deux mains.

Signé dans le haut à gauche : *Mary Cassatt.*

Pastel. Haut., 45 cent.; larg., 64 cent.

Reproduit dans l'ouvrage d'Achille Segard : Mary Cassatt 1913.

(Exposition Cassatt. Galeries Durand-Ruel, 1908.
N° 33 du Catalogue.)

CASSATT

(MARY)

102 — *Femme et Enfant.*

Une jeune femme, assise et vue de face, tient dans ses bras un enfant nu qui, d'un geste câlin, se blottit contre elle.

Signé à droite : *Mary Cassatt.*

Dessin au crayon noir. Haut., 35 cent.; larg., 25 cent.

CASSATT

(MARY)

103 — *Buste de Fillette.*

Souriante, vue de face, le bras droit ramené vers le corps, une fillette aux joues roses, coiffée d'un grand chapeau blanc garni de tulle, dont les bords encadrent ses cheveux châtains.

Signé à droite : *Mary Cassatt.*

Pastel sur papier gris. Haut., 59 cent.; larg., 44 cent.

CAZIN

(J.-CHARLES)

1841-1901

104 — *Figure allégorique.*

Une jeune femme, assise et regardant vers la droite, retient de ses deux mains le carton qu'elle a posé sur ses genoux.

Signé des initiales : *J. C. C.* à gauche.

Dessin à la mine de plomb, rehaussé de blanc. Haut., 44 cent.; larg., 29 cent.

CAZIN

(J.-CHARLES)

105 — *Le Village.*

En pente douce, la route descend vers la droite. A gauche, au premier plan, quelques maisons côte à côte. A droite, d'autres habitations. Au fond, une maisonnette, entre deux grands arbres.

Dessin aux deux crayons. Haut., 27 cent ; larg., 33 cent. 1/2.

CAZIN

(J.)

106 — *Le Moulin à Équihen.*

Au-dessus d'un terrain vague, mouvementé, hérissé de ronces, les ailes du moulin tournent dans le ciel. A droite, derrière un monticule, on distingue les toits de quelques chaumières.

Dessin au crayon noir. Haut., 29 cent.; larg., 37 cent. 1/2.

CHÉRET
(JULES)

107 — *Danseuse rose*.

Les cheveux ornés de fleurs, coiffée d'un grand chapeau de paille jaune, relevant de ses bras souples une jupe de gaze, elle évolue dans le ciel rose et bleu.

Signé à gauche : *Chéret*.

Pastel. Haut., 38 cent.; larg., 23 cent.

CHÉRET
(JULES)

108 — *La Petite Danseuse jaune*.

Parmi la chute des éventails, des masques et des fleurs, apparaît une jeune femme en corsage et robe jaunes. Derrière elle, un Scapin en costume blanc à raies oranges qui joue de la mandoline et un autre personnage, vêtu et coiffé de pourpre. A droite, dans l'ombre bleue, une femme agite un tambourin.

Signé à droite : *J. Chéret*.

Pastel. Haut., 105 cent.; larg., 65 cent. 1 2.

CHÉRET
(JULES)

109 — *La Descente du Moulin-Rouge*.

Composition mouvementée, dans la plus jolie manière de l'artiste. Au fond et à droite, un moulin joyeux sur un ciel d'aube. Les personnages dévalent de Montmartre : au premier plan, un pierrot blafard monté sur un âne, une autre figure, puis une jeune folle en bas rouges, en léger costume jaune paille et qui agite dans l'air son minuscule masque à rubans.

A droite, au premier plan, des fleurs éparpillées.

Signé à gauche : *J. Chéret*.

Pastel. Haut., 81 cent.; larg., 48 cent.

CLODION

(CLAUDE-MICHEL, dit)

1738-1814

FRAGONARD!

1000
1520
Stolin

110 — *Nymphe surprise par un satyre.*

Dans sa fuite, la jeune nymphe est tombée vers la gauche et son corps, en pleine lumière, sous ses voiles aux plis nombreux, palpite.

Derrière elle, à droite, le satyre écarte les herbes et tend déjà la main vers la proie convoitée.

(Collection Ricard.)

(Exposition Centennale de 1900.)

Dessin à la sépia. Haut., 38 cent. 1/2; larg., 39 cent. 1/2.

DAUMIER

(HONORÉ)

1808-1879

200
450.
Kelekian

111 — *L'Avocat.*

Debout, en robe, il souligne d'un geste de la main droite la recommandation qu'il fait à son client penché vers lui.

Dessin au crayon noir. Haut., 23 cent. 1/2; larg., 25 cent.

DAUMIER

(HONORÉ)

500
820
Kelekian

112 — *Détresse.*

Tenant un enfant sur ses genoux, une femme assise sur une chaise de paille semble en proie à une profonde affliction.

Dessin au fusain. Haut., 37 cent.; larg. 28 cent.

DAUMIER

(HONORÉ)

113 — *Le Coucher de l'Enfant.*

A droite, une femme, le corps incliné sous le fardeau de l'enfant qu'elle porte dans ses bras, s'avance en un geste de sollicitude vers le berceau que l'on aperçoit à gauche.

A gauche, les initiales : *H. D.*

Dessin au lavis à l'encre de Chine. Haut., 19 cent.; larg , 26 cent.

(*Vente Ph. Burty.* — 2-3 mars 1891, n° 52 du Catalogue, sous le titre : « *Mère mettant son enfant dans le berceau* ».

(*Exposition Daumier, a l'École des Beaux-Arts, Paris, 1901.*

N° 226 *du Catalogue.*)

DAUMIER

(HONORÉ)

114 — *Le Conducteur de chevaux.*

Deux chevaux se dirigent vers la droite. Celui de gauche est monté par un homme nu et l'autre tourne la tête.

Dessin au crayon noir et au fusain. Haut., 59 cent.; larg., 24 cent.

DAUMIER

(HONORÉ)

115 — *Homme assis dans un fauteuil.*

Un vieillard d'allure élégante, en culotte de l'ancien régime, les mains jointes sur le ventre, somnole. Contre le dossier arrondi du fauteuil, la tête se modèle sur un arrière-plan d'ombre.

Dessin au fusain. Haut., 38 cent. 1/2; larg., 27 cent.

Au verso : Un homme nu, tenant un livre à la main, semble prononcer un discours. A droite : croquis représentant deux escrimeurs.

Dessin au fusain. Haut., 38 cent.; larg., 28 cent.

DAUMIER

(HONORÉ)

116 — *Le Malade imaginaire.*

A droite, le malade assis dans son fauteuil. Derrière
lui, considérant le médecin, un personnage. A gauche,
l'homme de science, penché sur la table, rédige son
ordonnance.

Dessin au fusain. Haut., 28 cent.; larg., 24 cent. 1/2.

DAUMIER

(HONORÉ)

117 — *Scène d'émeute.*

A droite, un homme armé vient de terrasser un
vieillard qu'il va frapper de son glaive. Au fond à gauche,
les victimes de l'émeute récente jonchent le sol.

Dessin au fusain. Haut., 41 cent.; larg., 37 cent.

DAUMIER

(HONORÉ)

118 — *Au Jardin des Plantes.*

Une femme, tenant un bébé sur les bras et accompagnée de deux enfants, s'approche d'une haute cage
devant laquelle se sont arrêtés plusieurs promeneurs et
leurs chiens. A droite, des figures sur un banc.

Dessin au fusain. Haut., 29 cent.; larg., 34 cent. 1/2.

DAUMIER

(HONORÉ)

119 — *L'Avocat.*

En robe, tête découverte, il pérore dans le feu de la plaidoirie. Fond blanc, noir gris et bleu.

Dessin rehaussé. Haut., 16 cent.; larg., 12 cent.

DAUMIER

(HONORÉ)

120 — *L'Amateur d'estampes.*

Debout à droite, en chapeau haut de forme, l'amateur est penché sur un carton ouvert dont il examine le contenu.

Dessin au crayon noir. Haut., 33 cent. 1/2; larg., 26 cent.

DAUZATS

(ADRIEN)

1804-1868

121 — *Vue de Cadix.*

Au premier plan, l'angle de la Calle del Baluarte et de la Calle de los Doblonos, où les hautes maisons à balcons grillagés profilent dans le ciel bleu la ligne de leurs terrasses. Dans la rue, sur les trottoirs, de nombreux promeneurs.

Signé des initiales : *A. D.* entrelacées et daté : *Cadix Décembre 1835.*

Aquarelle. Haut., 36 cent. 1/2; larg., 41 cent.

(Collection Donop de Monchy.)

(Exposition Centennale de 1900. Nº 863 du Catalogue.)

DEGAS

(EDGAR)

122 — *Dans l'atelier de la modiste.*

Penchée vers la droite, le coude gauche appuyé sur la table de travail, la modiste a installé sur un champignon au pied de bois noir le chapeau qu'elle s'occupe de garnir. Le corps de la jeune femme est renversé dans un mouvement à la fois brusque et nonchalant qui laisse voir, à gauche, le jupon jaune se profilant sur un fond clair.

A droite, sur la table, une poupée de carton au col bleu, à bande de cheveux noirs sur le front.

Signé dans le haut, à droite : *Degas*.

Pastel. Haut., 59 cent. 1/2; larg., 45 cent.

DEGAS

(EDGAR)

123 — *L'Eventail au portant de théâtre.*

Au premier plan, à droite, un groupe de trois balle-
rines, en tutu blanc, attendent leur tour d'entrer en
scène. Plus loin, sur le plateau, d'autres danseuses
suivent la leçon du professeur qui se tient debout, diri-
geant le travail de ses élèves.

Signé à droite : *Degas.*

Éventail-Aquarelle rehaussée de pastel. Haut., 15 cent.; larg., 51 cent.

DEGAS

(EDGAR)

124 — *Trois Danseuses.*

Elles sont en tutu. La première, à gauche, les mains
derrière le dos, se dirige vers une autre danseuse qui est
vue de face, en une attitude provocante. A côté d'elle,
une troisième ballerine, le buste de profil, les jambes
légèrement écartées.

Signé à gauche : *Degas.*

Dessin au fusain, rehaussé de pastel. Haut., 47 cent.; larg., 60 cent. 1/2.

(*Reproduit dans l'*Image. *Cartons d'artistes,* 1897, *Paris.*)

DEGAS

(EDGAR)

125 — *La Toilette.*

Une jeune femme nue, à l'ample chevelure châtain clair, magnifique créature dont la santé et la jeunesse rehaussent encore la beauté, est assise, les mains sur les hanches.

Les yeux mi-clos, la tête blonde un peu renversée, elle s'abandonne aux soins d'une servante en tablier blanc, en corsage de ton crevette, qui peigne l'abondante chevelure de sa maîtresse.

Sur la chaise longue capitonnée, un peignoir blanc dont les plis retombent sur le tapis aux tons rompus, bleu, vert et rose. Au fond, les murs tendus d'étoffe claire.

Signé à gauche : *Degas*.

Pastel. Haut., 72 cent.; larg., 58 cent. 1/2.

DEGAS

(EDGAR)

126 — *Femme se grattant.*

> Vêtue d'un jupon clair, en corset noir sur la chemi-
> sette retombant sur les épaules, une jeune femme, debout,
> la tête inclinée vers la droite, gratte vivement de la main
> gauche le bras qu'elle a ramené vers le corps.

Signé à droite : *Degas.*

Pastel. Haut., 3o cent.; larg., 23 cent.

(Reproduit dans l'Image. Cartons d'artistes, 1897, Paris.)

DEGAS

(EDGAR)

127 — *Groupe de Danseuses.*

> Dans une lumière de féerie, trois danseuses, vêtues de
> bleu, évoluent en se dirigeant vers le premier plan de la
> scène. Plus loin, les autres artistes du corps de ballet
> dont les robes jaunes sont ornées de rubans rouges.

Signé à gauche : *Degas.*

Aquarelle gouachée. Haut., 21 cent. 1/2 ; larg., 16 cent.

FANTIN-LATOUR

(HENRI)

1836-1904

128 — *La Muse.*

Debout, la tête ceinte de lauriers, une palme à la
main, la muse, en un geste de protection, se tient à côté
du musicien qui la regarde en écrivant sur les feuillets
ouverts près d'un cratère fumant.

Signé à droite : *Fantin.*

Dessin au crayon gras. Haut., 3o cent. 1/2 ; larg., 24 cent.

(*N° 1231 du Catalogue de l'œuvre de Fantin-Latour, par
M*me *Fantin-Latour, Paris, 1911.*)

FANTIN-LATOUR

(HENRI)

129 — *Andromède.*

A droite, debout au bord de la mer, le bras gauche
enchaîné à la roche, Andromède, en un geste d'effroi, se
cache le visage. Au fond, à gauche, une ligne de rochers
escarpés bordant la côte.

Signé à gauche : *Fantin.*

Dessin au crayon gras, rehaussé de blanc. Haut., 22 cent.; larg., 15 cent. 1/2.

(*N° 1719 du Catalogue de l'œuvre de Fantin-Latour.*)

FANTIN-LATOUR
(HENRI)

130 — *La Leçon de Dessin.*

Dans l'atelier, deux jeunes femmes dessinent. A droite,
l'une d'elles, assise, soutient son carton sur lequel descend
un large rayon de lumière. Sa compagne est debout devant
un chevalet et regarde vers la droite. Derrière la figure
assise, un paravent. A gauche, sur une table, un buste
de plâtre, des fleurs et un carton à dessins.

Signé dans le haut à gauche : *Fantin* et daté : *79*.

Dessin au crayon noir. Haut., 38 cent. 1/2 ; larg., 45 cent.

(Composition pour le tableau du Musée de Bruxelles.)

*(Vente Diot, Mars 1897, nº 143 du Catalogue. — Nº 966 du Catalogue
de l'œuvre de Fantin-Latour.)*

FANTIN-LATOUR
(HENRI)

131 — *Nuit de Printemps.*

A droite, à l'orée d'un bois, le poète, la main sur sa
lyre, reçoit le baiser d'une Muse. A gauche, une autre
figure, debout, semble sortir d'une claire nuée.

Signé à droite : *Fantin.*

Dessin au crayon noir sur papier calque. Haut., 22 cent. 1/2 ; larg., 27 cent. 1/2.

(Nº 1604 du Catalogue de l'œuvre de Fantin-Latour.)

FANTIN-LATOUR

(HENRI)

132 — *Les Walkyries.*

A droite, le groupe des Walkyries; l'une d'elles, armée du bouclier et de la lance, accueille Sieglinde qui s'avance vers elles en un geste d'imploration.

Signé à droite : *Fantin.*

Dessin au crayon gras. Haut , 3o cent.; larg., 38 cent.

FANTIN-LATOUR

(HENRI)

133 — *L'Aurore et la Nuit.*

Deux figures debout, descendant de gauche à droite, d'une marche presque aérienne, en déployant des voiles légers. A leurs pieds, à gauche et au centre, deux petits amours ailés courant dans la lumière.

Signé à droite : *Fantin.*

Dessin au crayon noir. Haut., 29 cent. 1/2; larg., 33 cent. 1/2.

(*N⁰ 1311 du Catalogue de l'œuvre de Fantin-Latour.*)

FANTIN-LATOUR

(HENRI)

134 — *Filles du Rhin.*

Trois figures de femmes, l'une à droite et vue de dos,
l'autre au centre, à mi-corps, la troisième à gauche et
de face, décrivant des mouvements harmonieux, fendent
l'eau de leurs bras souples.

Signé à gauche : *Fantin.*

Dessin au crayon noir sur papier calque. Haut., 38 cent. 1/2 ; larg., 25 cent. 1/2.

(*N° 1276 du Catalogue de l'œuvre de Fantin-Latour.*)

FANTIN-LATOUR

(HENRI)

135 — *Nymphe couchée.*

Nue, une jeune nymphe est étendue, la tête mollement
appuyée sur son bras gauche replié. De la main droite,
elle écarte un voile. Fond de bosquets, éclaircie à gauche.

Signé à gauche : *Fantin.*

Dessin au crayon sur papier calque. Haut., 12 cent.; larg., 27 cent.

(*Reproduit par l'artiste en lithographie dans la* Gazette des Beaux-Arts,
Décembre 1901.)

(*N° 1850 du Catalogue de l'œuvre de Fantin-Latour.*)

FANTIN-LATOUR

(HENRI)

136 — *Jeune Femme à l'Éventail.*

Sur un fond gris bleu cendré, la jeune femme est vue
presque de face, le visage légèrement incliné, les épaules
nues se dégageant d'un décolleté de tulle blanc, d'une ligne
souple et gracieuse. Une mince chaîne d'or luit sur le
satin des chairs. Au creux du corsage, une rose thé et
ses feuilles d'un vert fin. A droite, la note rouge d'un
éventail déployé se détache sur le blanc du vêtement. Un
rayon de lumière tombe sur les épaules et éclaire le
haut de la tête.

Signé dans le haut à gauche : *Fantin* et daté : *82*.

Pastel. Haut., 56 cent.; larg., 44 cent. 1/2.

Au verso, les mentions : *Salon 1882, n° 3170 : Exposition trien-
nale, 1883 ; Exposition Universelle d'Anvers, 1894.*

(*Catalogué par A. Jullien : Fantin-Latour, sa vie et ses œuvres,
Paris 1909, p. 201, sous le titre : « Étude ». (M*ⁿᵉ *Charlotte Dubourg.)*

*Exposition Fantin-Latour, École Nationale des Beaux-Arts,
Paris 1906.)*
(*N° 1509 du Catalogue de l'œuvre de Fantin-Latour.*)

FORAIN

(JEAN-LOUIS)

137 — *Le Suicidé*.

Un homme en chemise est affalé au pied du lit dans lequel une jeune femme se dresse, les yeux hagards. A gauche, sur un fauteuil, les habits du mort. Plus loin, dans la chambre, la table de nuit et la bougie.

Dessin à l'encre de Chine. Haut., 25 cent ; larg., 24 cent. 1/2.

FORAIN

(JEAN-LOUIS)

138 — *Au Théâtre*.

Un groupe de spectateurs, coiffés de chapeaux haut de forme, occupent le centre de la composition. A gauche, une ouvreuse en bonnet blanc, en corsage bleu et tablier noir. A droite, une spectatrice, en robe bleue à carreaux noirs, et coiffée d'une capote.

Signé dans le haut à gauche : *L. Forain*.

Aquarelle. Haut., 15 cent.; larg., 12 cent. 1/2.

FORAIN

(JEAN-LOUIS)

139 — *Dans la mansarde.*

A gauche, une grisette semble quitter à regret la mansarde d'où elle va partir pour accompagner un personnage chargé de paquets.

Dessin à l'encre de Chine. Haut., 28 cent.; larg., 24 cent. 1/2.

FORAIN

(JEAN-LOUIS)

140 — *Le Bar aux Folies-Bergère.*

La caissière, en costume bleu, est debout devant le
comptoir sur lequel s'alignent une coupe pleine de petites
boîtes de bonbons, deux bouteilles et divers objets.
A gauche, un personnage dont on n'aperçoit que le buste.
A droite, au premier plan, deux hommes assis dont l'un
est coiffé d'un chapeau melon. Au delà des banquettes
rouges, une haute glace où se reflète la silhouette de la
caissière et les tons rouge et or de la salle.

Signé à droite : *Forain*, avec dédicace : *A. Suri. Bien cordialement,*
et daté : *8 Janvier 1878.*

Aquarelle. Haut., 31 cent.; larg., 19 cent.

FRIANT
(ÉMILE)

141 — *Chez le Peintre.*

Deux jeunes artistes dans un atelier, l'un de dos
(Friant) assis devant son chevalet, vers la droite; l'autre
(Camille Martin) de face, et sur une chaise. Dans le
fond, un autre peintre (Prouvé) en robe de moine, tenant
sur la hanche le pinceau et la palette. Un cartouche
avec l'inscription : *V. Prouvé à l'ami Martin.*

Signé à gauche : *E. Friant* et daté : *83.*

Dessin au crayon noir. Haut., 34 cent. 1/2; larg., 45 cent.

GAILLARD
(FERDINAND)
1834-1887

142 — *Portrait de Monseigneur de Ségur.*

Tête nue, les cheveux rebroussés, le regard fin et
scrutateur, il est vu de face, couvert d'un grand manteau
s'ouvrant sur la poitrine où retombent les longs plis
d'une cravate.

A gauche, le cachet : *F. Gaillard.*

Dessin au crayon gras. Haut., 40 cent.; larg., 27 cent. 1/2.

(*Vente Gaillard, 1889. Nº 104 du Catalogue.*)

GAILLARD
(FERDINAND)

143 — *Portrait de Femme âgée.*

Tournée vers la gauche, les lèvres plissées en un fin
sourire, elle est assise, la tête minutieusement modelée
dans le cadre du bonnet à brides.

Signé à droite, à mi-hauteur : *F. Gaillard.*

Dessin au crayon noir. Haut., 35 cent.; larg., 25 cent.

(*Exposition Centennale de l'Art français, 1889.*)

GONCOURT

(EDMOND DE)

1822-1896

144 — *Portrait de Jules de Goncourt à douze ans.*

Vu de face, il porte le costume de la garde française : habit bleu à basques retroussées, culotte de peau, bas blancs, épaulettes et bicorne. De la main droite, il s'appuie sur une canne.

Dans le haut à droite, la mention : *Jules à une douzaine d'années. — E. de Goncourt.*

Dessin aquarellé. Haut., 21 cent.; larg., 28 cent. 1/2.

(Vente de Goncourt, 30 avril, 1er mai 1907. N° 11 du Catalogue.)

GONCOURT

(JULES DE)

1830-1870

145 — *Fromagerie près Milan.*

Dans une fromagerie, divers ustensiles sont posés sur une double margelle. Accrochée à une potence de bois peinte en gris, une étoffe claire qui cache en partie une grande bassine en cuivre rouge. Plus loin, contre le mur, des cuves et des rateaux.

Signé à droite : *J. de Goncourt, 1855.*

A gauche, la mention : *Fromagerie près Milan.*

Aquarelle. Haut., 24 cent.; larg., 15 cent.

(Vente de Goncourt, 30 avril, 1er mai 1907. N° 19 du Catalogue.)

GUYS

(CONSTANTIN)

1805-1892

146 — *A Galata.*

Une jeune femme vêtue de blanc, une large écharpe jaune tombant jusqu'à terre, se tient debout devant une porte. A droite, dans la rue, un passant.

Aquarelle. Haut., 38 cent., larg., 27 cent. 1/2.

GUYS
(CONSTANTIN)

147 — *Devant le comptoir.*

La tête de profil, une jeune femme est accoudée au comptoir où trône une vieille femme qui sert à boire aux deux marins que l'on aperçoit dans le fond, à droite.

Aquarelle. Haut., 25 cent.; larg., 19 cent.

GUYS
(CONSTANTIN)

148 — *Lorette.*

En jupe bouffante, relevée sur un jupon blanc, le regard provocant, elle est coiffée d'une fanchon, les mains sur les hanches, et se pavane.

Aquarelle. Haut., 16 cent.; larg., 15 cent.

GUYS
CONSTANTIN

149 — *Jeune Femme.*

Debout, la jeune élégante vêtue d'un large jupon noir et d'une capeline de même couleur, coiffée d'un léger bonnet à brides, les mains sur les hanches, sourit.

Dessin au crayon et à l'encre, rehaussé d'aquarelle.
Haut., 35 cent. 1 2; larg., 22 cent. 1 2.

GUYS
(CONSTANTIN)

150 — *La Servante.*

Coiffée d'un bonnet à brides, un fichu bleu au cou, en robe noire et en tablier, elle est debout, tenant un panier de la main droite.

Aquarelle. Haut., 32 cent.; larg., 11 cent.

GUYS

(CONSTANTIN)

151 — *La Femme au panier.*

Sur un fond sépia, une élégante silhouette se dessine. La tête aux bandeaux plats, à la coiffe à rubans jaunes, vivement éclairée est tournée vers la gauche. La jeune femme, en costume à taille et à basques bleues sur une ample jupe jaune citron, porte au bras un petit panier.

Dessin rehaussé d'aquarelle. Haut., 23 cent. 1/2; larg., 16 cent. 1/2.

GUYS

(CONSTANTIN)

152 — *Femme au tablier bleu.*

Vue de profil vers la gauche, une jeune fille aux bandeaux plats, coiffée à la « fanchon », les mains dans les poches de son tablier bleu, est vêtue d'un corsage bleu-noir à longue taille, dont la demi-manche se termine par une frange.

Aquarelle. Haut., 25 cent. 1/2; larg., 18 cent. 1/2.

HELLEU

(PAUL)

153 — *Tête de Femme.*

Vue de face, les cheveux relevés en deux ondes souples sur le front, le menton appuyé sur la main droite, les yeux perdus dans le rêve.

A droite l'initiale : **H.**

Dessin aux quatre crayons. Haut., 29 cent. 1/2; larg., 25 cent.

HERVIER

(ADOLPHE)

1821-1879

154 — *Paysage.*

Au premier plan, quelques vaches viennent s'abreuver à un étang que longe une route bordée par des arbres abritant une ferme.

Signé à gauche : *A. Hervier.*

Aquarelle. Haut., 9 cent. 1/2 ; larg., 17 cent. 1/2.

HERVIER

(A.)

155 — *Le Pont de bois.*

Au premier plan, à droite, une vieille femme, la hotte au dos, près des gradins d'un escalier de bois que descendent des femmes chargées de paquets de linge. Au fond, à gauche, des maisons ; du côté opposé, le tablier et la balustrade d'un pont.

Signé à gauche : *A. Hervier*, et daté : *56.*

Aquarelle. Haut., 22 cent. 1/2 ; larg., 15 cent. 1/2.

INGRES

(DOMINIQUE)

1780-1867

156 — *Portrait de Madame Sébastiani.*

Vue de face et assise parmi des coussins brodés, vêtue d'une ample robe blanche, à volants, à taille haute, un éventail dans sa main droite chargée de bagues, coiffée d'un turban dont une partie retombe sur l'épaule gauche, elle regarde le spectateur et semble sourire.

Signé à gauche : *Ingres del.*, avec dédicace : *A Madame Duban.*

A droite, l'inscription : *Mme Sébastiani.*

Dessin au crayon, rehaussé de blanc. Haut., 34 cent. 1/2 ; larg., 25 cent. 1/2.

JONGKIND

(JOHAN-BARTHOLD)

1819-1891

157 — *Le Port d'Honfleur.*

De nombreux navires, à l'ancre dans le port, profilent, sur le ciel bleu, leurs mâtures enchevêtrées.

Au premier plan, un canot monté par un homme. Au fond, à droite, la côte ensoleillée.

Signé à droite : *Jongkind* et daté : *Honfleur, Sept. 63.*

Aquarelle. Haut., 25 cent.; larg., 43 cent.

JONGKIND

(JOHAN-BARTHOLD)

158 — *Un Port en Hollande.*

Un petit port paisible que fréquentent seulement des chalands, des canots et des petits voiliers. A gauche, un quai planté d'arbres, deux bateaux à hautes mâtures. Au fond, la ville et à droite, près d'une grosse tour, quelques maisons à toits rouges. Ciel mouvementé.

Daté à droite : *5 oct. 69.*

Aquarelle. Haut., 24 cent. 1/2; larg., 31 cent. 1/2.

JONGKIND

(JOHAN-BARTHOLD)

159 — *Marseille.*

Au premier plan, quelques navires sont à l'ancre, près du quai où circulent des promeneurs.

Daté à droite : *Marseille 15 octobre 1880.*

Dessin au crayon noir et à l'encre de Chine. Haut. 17 cent.; larg., 23 cent.

JONGKIND

(JOHAN-BARTHOLD)

160 — *Environs de Rotterdam.*

Au premier plan, la rivière où un bateau à larges voiles passe devant un grand moulin. A gauche, au loin, s'alignent d'autres moulins.

Signé à droite : *Jongkind* et daté : *Rotterdam 1861.*

Dessin au crayon noir, rehaussé d'encre de Chine. Haut., 13 cent.; larg., 18 cent.

JONGKIND

(JOHAN-BARTHOLD)

161 — *Environs de Grenoble.*

Au premier plan, sur la route bordée à droite par un mur que dépassent les branches dénudées d'un bouquet d'arbres, une femme accompagnée d'un garçon. A gauche, la silhouette d'une haute montagne.

Daté vers la gauche : *Grenoble, 11 mars 1880.*

Aquarelle. Haut., 15 cent.; larg., 23 cent.

Au verso :

La Route.

Au premier plan d'un paysage, une route dont les côtés sont bordés de champs que limitent des arbres verdoyants.

Daté à droite : *29 juin 1880.*

Aquarelle. Haut., 15 cent.; larg., 23 cent. 1 2.

JONGKIND

(JOHAN-BARTHOLD)

162 — *Paysage en Dauphiné.*

Sous un ciel bleu, la varte étendue des prairies se prolongeant jusqu'à l'horizon est traversée par les chemins qui les délimitent.

A droite, au premier plan, une barrière.

Daté à gauche : *28 mars 1881.*

Aquarelle. Haut., 16 cent. 1/2; larg., 22 cent. 1/2.

LEGRAND

(LOUIS)

163 — *Dans la Mansarde.*

Éclairée par la lucarne, une jeune fille, debout, repasse du linge. A côté d'elle, dans un berceau, un enfant sommeille.

Signé à gauche, dans le haut : *Louis Legrand.*

Dessin à l'encre de Chine et au fusain. Haut., 55 cent.; larg., 24 cent.

LEGRAND

(LOUIS)

164 — *Femme nue.*

Assise sur une draperie blanche couvrant un canapé bleu, elle a pour tout vêtement une paire de bas et des souliers à hauts talons.

Signé en abrégé, à droite.

Aquarelle. Haut., 30 cent.; larg., 20 cent.

LEGRAND

(LOUIS)

165 — *La Toilette.*

Une jeune femme, le pied droit sur une chaise, se taille les ongles. Chaussé d'une sandale rose, l'autre pied est posé à terre.

Signé à droite : *Louis Legrand.*

Dessin à l'encre de Chine, rehaussé d'aquarelle. Haut., 21 cent.; larg., 14 cent.

LEPÈRE

(AUGUSTE)

166 — *Le Pont-Neuf.*

Près du Pont-Neuf, les maisons anciennes qui font face à la statue Henri IV. En contre-bas, à gauche, un bateau-lavoir. Sur le quai, à droite, deux haleurs. Ciel bleu.

Signé à droite : *A. Lepère.*

Dessin rehaussé d'aquarelle. Haut., 11 cent. 1/2 ; larg., 21 cent.

LEPÈRE

(AUGUSTE)

167 — *La Place du Marché, à Rouen.*

A travers une arcade apparaissent les maisons qui limitent la place du Marché, au delà de laquelle se dressent les deux tours et la flèche de la cathédrale.

Signé à droite : *A. Lepère* et daté : *Rouen 86.*

Aquarelle. Haut., 25 cent.; larg., 24 cent.

LEPÈRE

(AUGUSTE)

168 — *La Construction du pont transbordeur à Rouen.*

A droite, un échafaudage où monte un ouvrier. A gauche, sur pilotis, une plateforme où l'on distingue de nombreux travailleurs et la silhouette d'une grue.

Signé à droite: *A. Lepère*, avec la mention: *Construction du nouveau Grand Pont à Rouen.*

Aquarelle gouachée. Haut., 21 cent. 1/2; larg., 32 cent.

LIEBERMANN

(MAX)

169 — *Intérieur de ferme dans les Flandres.*

A droite, assise sur une chaise, une vieille femme, la tête couverte de la haute coiffe flamande. A gauche, devant une fenêtre à petits carreaux, une chaise paillée.

Signé à droite : *M. Liebermann.*

Dessin à la plume et au lavis. Haut., 27 cent.; larg., 35 cent.

MANET

(ÉDOUARD)

1832-1883

170 — *Deux Profils de femme.*

1° *Jeune femme vue en buste, coiffée d'un chapeau à bords relevés.*

Haut., 16 cent.; larg , 11 cent. 1/2.

A droite, en rouge, les initiales : *E. M.*

2° *Jeune femme vue jusqu'aux épaules, coiffée en chignon serré, et d'un chapeau melon.*

A droite, en rouge, les initiales : *E. M.*

Dessin à la mine de plomb, rehaussé d'encre de Chine.

Haut., 20 cent.; larg., 11 cent. 1/2.

MÉNARD

(RENÉ)

171 — *Le Mont Blanc au crépuscule.*

Sur un ciel gris-vert et nuageux, se profilent les grandes cimes orangées où les derniers rayons du soleil illuminent les neiges. Au premier plan, des vallées en demi-teintes qui, peu à peu, s'assombrissent, abritées par les coteaux qui montent vers la droite.

Signé des initiales : *R. M.* à droite.

Pastel. Haut., 45 cent.; larg., 64 cent.

MÉRY

(ALFRED ÉMILE)

1824-1896

172 — *L'Oiseau blanc.*

A droite, près d'un panier, il est vu de profil, le bec ouvert, l'œil agressif. A gauche, deux petits oiseaux noirs dont l'un prend la fuite, tandis que l'autre tient tête.

Signé à droite : *Méry*, avec dédicace : *A M. Roger Marx. Témoignage imparfait de vive gratitude et de sympathie.*

Aquarelle rehaussée de gouache. Haut., 44 cent. 1/2; larg., 59 cent. 1/2.

MEUNIER

(CONSTANTIN)

1831-1905

173 — *Le Puddleur.*

Au fond du puits, près du wagonnet, le mineur se tient debout, sa lampe à la main droite. A gauche, sous l'enchevêtrement des charpentes, un autre mineur vu de face.

Signé à droite en bas : *C. Meunier*, avec dédicace : *à M. Country,* *en souvenir.*

A gauche dans le haut, l'inscription : *Borinage, charbonnage.*

Dessin au fusain. Haut., 60 cent. 1/2; larg., 37 cent.

MILLET

(JEAN-FRANÇOIS)

1814-1875

174 — *La Falaise.*

Au fond, la ligne de la mer ; la falaise presque à pic descend au premier plan à droite. Au loin, une autre rangée de falaises vivement éclairées ; à droite, un sentier.

A droite, cachet aux initiales : *J. F. M.*

Dessin au crayon noir. Haut., 9 cent. 1/2 ; larg., 14 cent. 1/2.

Au verso :

La Prairie.

Quelques maisons et un léger relèvement de terrains boisés, bordant une prairie.

Haut., 9 cent. 1/2 ; larg., 14 cent. 1/2.

MILLET

(JEAN-FRANÇOIS)

175 — *Trois dessins.*

1° *Femme tenant une quenouille.*

A gauche, cachet aux initiales : *J. F. M.*

Dessin à la mine de plomb. Haut., 9 cent. 1/2 ; larg., 6 cent

2° *Femme assise.*

A droite, cachet aux initiales : *J. F. M.*

Dessin au crayon noir. Haut., 11 cent.; larg., 5 cent. 1/2.

3° *Moissonneur au repos.*

A droite, cachet aux initiales : *J. F. M.*

Dessin à la mine de plomb. Haut., 6 cent. 1/2 ; larg., 6 cent.

MILLET

(JEAN-FRANÇOIS)

176 — *Paysage.*

Au bord d'un champ, quelques buissons limitent un plateau au sommet duquel on aperçoit quelques arbres.

A droite, cachet aux initiales : *J.'F. M.*

Dessin à la plume. Haut., 10 cent. 1/2 ; larg., 17 cent. 1/2.

MILLET

(JEAN-FRANÇOIS)

177 — *La Veillée.*

Éclairées par un lumignon, trois vieilles femmes cousent ; l'une, à gauche en pleine lumière, l'autre, à droite dans l'ombre, la troisième, un peu plus à droite et dont on ne voit que la tête.

A droite, cachet aux initiales : *J. F. M.*

Dessin au crayon noir. Haut., 11 cent ; larg., 10 cent. 1/2.

MOREAU

(GUSTAVE)

1826-1898

178 — Phaon.

Chaussé de sandales, il est debout, en chlamyde à
parements bleus d'où sort un vêtement à manches
jaunes.

Signé des initiales : *G. M.* à gauche.

A droite, l'inscription : *Phaon, opéra de « Sapho »*.

Aquarelle. Haut., 27 cent.; larg., 16 cent.

MOREAU

(GUSTAVE)

**179 — Étude du personnage Pittacus, pour l'opéra
de « Sapho ».**

Personnage debout, diadémé, à barbe longue, en cui-
rasse richement ouvrée avec sous-vêtement vert à plis
droits. Manteau orangé à broderies noires. Le poing
gauche sur la hanche; le sceptre dans la main droite.

A droite, les initiales : *G. M.*, avec la mention : *Costume de
guerre.*

A gauche, l'inscription : *Pittacus, opéra de « Sapho »*.

Aquarelle. Haut., 30 cent.; larg., 20 cent.

MOREAU

(GUSTAVE)

**180 — Étude du personnage de Phaon, pour l'opéra
de « Sapho ».**

Personnage debout en tunique et manteau bleus,
cuisses nues, jambières et cothurnes, les bras écartés.
Fond jaune.

Signé des initiales : *G. M.* à droite, avec la mention : *Phaon.*
A gauche, l'inscription : *Opéra de « Sapho »*.

Aquarelle rehaussée d'or. Haut., 28 cent.; larg., 15 cent. 1/2.

PUVIS DE CHAVANNES

(PIERRE)

1824-1898

181 — *La Paix.* — *Etude décorative pour le Musée d'Amiens.*

Dans un bois sacré, les guerriers, las de combattre, se livrent aux plaisirs de la paix. On verse le vin dans une coupe ; une femme assise tient une grappe de raisin ; une autre, vue de dos, reçoit une corbeille de fruits que lui présente un jeune homme. D'autres personnages ont recueilli les produits du sol ; au centre de la composition, une femme qui trait une chèvre, et un homme couché, tenant une écuelle. A gauche, un guerrier se repose près de sa lance et de son bouclier. Au fond, une ligne de cavaliers.

Signé à gauche : *Puvis de Chavannes*, avec dédicace : *A mon ami Bida.*

Dessin au crayon noir sur papier jaune. Haut., 93 cent ; larg., 1 m. 50 cent.

REDON

(ODILON)

182 — *L'Apparition.*

Vue de face et en buste, la tête aux cheveux noirs légèrement tournée vers la droite, une jeune femme apparaît dans une lumière de rêve qui éclaire la poitrine, alors que la pénombre gagne le visage énigmatique. Dans la tête pensive, l'énigme des yeux clos rend plus mystérieuse encore l'évocation qui surgit, se détachant sur un fond gris et encadrée par la baie d'une fenêtre.

Signé à gauche au-dessus de l'encadrement de la baie : *Odilon Redon.*

Dessin au fusain. Haut., 49 cent.; larg., 34 cent. 1/2.

REDON

(ODILON)

183 — *Fleurs dans un vase rouge.*

Le vase, de forme rustique, est d'un beau rouge éteint dont les tons s'associent audacieusement avec les jaunes, les blancs des fleurs étranges et le vert mat des feuillages.

Signé à gauche : *Odilon Redon.*

Pastel. Haut., 55 cent.; larg., 46 cent.

RENOIR

(PIERRE-AUGUSTE)

184 — *Jeune Femme au bord d'un étang.*

Vue à mi-corps, un ruban bleu retenant ses cheveux roux, une jeune femme vêtue d'un maillot. A droite, les eaux miroitantes d'un étang limité au loin par des montagnes. Sur la berge, quelques bouquets d'arbres.

Aquarelle. Haut., 13 cent.; larg., 17 cent. 1/2.

RENOIR

(PIERRE-AUGUSTE)

185 — *Baigneuses.*

Debout, le corps penché et vue de profil, une jeune femme soutient sa compagne assise à sa droite.

Dessin à la plume et à la mine de plomb. Haut., 27 cent.; larg., 24 cent.

RENOIR

(PIERRE-AUGUSTE)

186 — *Femme portant un seau.*

Debout, vue de profil vers la droite, une jeune paysanne, les cheveux relevés sur la nuque, tient à la main un seau de bois à bords rayés.

Dessin à la sanguine. Haut., 36 cent.; larg., 25 cent.

RENOIR

(PIERRE-AUGUSTE)

187 — *Trois dessins dans un cadre.*

De gauche à droite :

1° *Femme nue assise regardant vers la droite, le bras étendu.*

Haut., 24 cent.; larg., 20 cent. 1/2.

2° *Buste de femme vue de dos, la tête de profil, le bras gauche retombant le long de la taille.*

Haut., 24 cent.; larg., 13 cent. 1/2.

3° *Femme nue assise de profil vers la gauche, le visage tourné vers le spectateur, les mains posées sur les genoux.*

Haut., 24 cent.; larg., 17 cent.

Dessins à la mine de plomb, le premier rehaussé à la plume.

RENOIR

(PIERRE-AUGUSTE)

188 — *Portrait de Pierre Renoir.*

L'enfant est vu de face, vêtu d'un tablier blanc à petite collerette. Des cheveux blonds encadrent son visage.

Pastel, crayon noir et sanguine. Haut., 15 cent. 1/2; larg., 11 cent.

RENOIR

(PIERRE-AUGUSTE)

189 — *Croquis.*

A gauche, une laveuse vue de profil, agenouillée dans son bac, s'apprête au travail et relève ses manches. Dans le haut, quatre têtes d'enfants, deux de face, l'une de trois quarts et la quatrième en profil perdu.

Dessin à la sanguine. Haut., 37 cent.; larg., 28 cent.

RENOIR

(PIERRE-AUGUSTE)

190 — *Marchandes au Panier.*

Au premier plan, deux jeunes femmes assises près de leurs paniers. A droite, une jeune fille debout, coiffée d'un chapeau de paille à larges bords.

Dessin à la sanguine. Haut., 47 cent.; larg., 31 cent.

RENOIR

(PIERRE-AUGUSTE)

191 — *Feuille de croquis.*

1° A droite, au bord d'un étang, un mas au toit plat, au delà duquel, derrière les arbres, s'échelonne une rangée de montagnes.

Au premier plan à gauche sur la berge, un olivier.

2° A gauche, en sens inverse du premier croquis, quelques bateaux sur un lac limité par des collines.

Aquarelle. Haut., 20 cent.; larg., 30 cent.

RENOIR

(PIERRE-AUGUSTE)

192 — *Arlésienne.*

En jupe de soie verte à large tablier de moire, une Arlésienne, vue de profil et debout, porte sur son corsage un grand fichu brodé.

Aquarelle. Haut., 22 cent.; larg., 12 cent.

RENOIR

(PIERRE-AUGUSTE)

193 — *Baigneuses.*

Trois corps de femmes vues de profil, la jambe droite étendue.

Dessin à la sanguine. Haut., 21 cent. 1/2; larg., 33 cent. 1/2.

RENOIR

(PIERRE-AUGUSTE)

194 — *Femme en rose.*

Assise dans un fauteuil au dos de velours grenat, une jeune femme, en corsage rose fermé autour du cou par un nœud de soie aux tons chatoyants, est vue de face. Le chignon remonte très haut au-dessus de la tête, les cheveux noirs tombent en quelques boucles sur le front. Sa ceinture est retenue par une boucle aux reflets argentés, auprès de laquelle les mains, dont l'une est ornée d'un saphir, viennent se joindre.

Se détachant sur la carnation vive du visage aux traits affinés, les yeux regardent pensivement le spectateur.

Signé dans le haut, à droite : *Renoir* et daté : *77.*

Pastel. Haut., 64 cent.; larg., 48 cent. 1/2.

RENOIR

(PIERRE-AUGUSTE)

195 — *Après le bain.*

Une jeune femme est assise sur des rochers au bord
de la mer. Nue, le torse vu de trois-quarts, les mains
ramenées sur la tête, elle noue en un chignon sa chevelure brune.

Au fond, sur l'autre rive, une baie rocheuse.

Aquarelle. Haut., 20 cent. 1/2; larg., 17 cent.

RENOIR

(PIERRE-AUGUSTE)

196 — *Maisons au bord de l'eau.*

Au premier plan, au pied des maisons qui bordent
l'eau, trois barques échouées sur la rive.

Aquarelle. Haut., 15 cent.; larg., 19 cent.

RENOIR

(PIERRE-AUGUSTE)

197 — *Les Laveuses.*

Au pied des arbres qui bordent la droite d'une rivière,
quatre femmes lavent du linge. L'une d'elles, à gauche,
sort de l'eau les pièces qu'elle va lessiver sur sa planche.
A droite, sa compagne se tient debout près d'un baquet.
Plus loin, une autre étend le linge sur une corde tendue
entre deux arbres.

En marge : croquis d'une femme portant une hotte.

Au verso :

Baigneuse sortant de l'eau.

Debout, dans l'eau jusqu'aux genoux, une jeune femme
nue regarde vers la gauche.

Dessin à la sanguine. Haut., 47 cent.; larg., 29 cent.

RIBOT

(THÉODULE)

1823-1891

198 — *Un Rabbin.*

Debout et vu de face, couvert d'un ample manteau, les mains croisées, le vieillard à barbe blanche semble réfléchir.

Signé à gauche : *T. Ribot.*

Dessin à la plume rehaussé de sépia. Haut., 18 cent.; larg., 11 cent. 1/2.

RIBOT

(THÉODULE)

199 — *Buste de Femme.*

Une femme d'âge mûr est vue de face, un fichu noir entourant la tête, le visage éclairé par un rayon de lumière.

Signé à droite au-dessus de l'épaule : *T. Ribot.*

Dessin au crayon noir. Haut., 28 cent.; larg., 20 cent.

RIBOT

(THÉODULE)

200 — *Paysage.*

Au premier plan, une route ensoleillée est bordée à droite par des champs que limitent, au fond, des maisons parmi des arbres.

Signé à droite : *E. Ribot* et daté : *1886.*

Dessin à la plume rehaussé de lavis. Haut., 15 cent.; larg., 23 cent. 1/2.

RODIN

(AUGUSTE)

201 — *Torse de Femme.*

Le bras droit relevé vers la naissance du cou, une
femme est assise, la jambe droite repliée en arrière.

Signé à droite, dans le haut et dans le bas : *A. Rodin.*

Dessin au crayon noir rehaussé de fusain. Haut., 23 cent.; larg., 18 cent.

RODIN

(AUGUSTE)

202 — *Le Repos.*

Dans l'attitude du repos, une jeune femme est couchée,
la tête appuyée sur son bras droit.

Signé à gauche : *A. Rodin.*

Dessin au crayon noir, rehaussé de fusain. Haut., 17 cent. 1/2; larg., 23 cent.

RODIN

(AUGUSTE)

203 — *Baigneuse.*

Elle se tient debout, les cheveux châtains retombant
sur la nuque, une draperie blanche sur le bras droit.

Dessin rehaussé d'aquarelle. Haut., 18 cent.; larg., 11 cent.

RODIN

(AUGUSTE)

204 — *Trois Dessins.*

1° *Tête d'homme vue jusqu'à la naissance des épaules et la bouche grande ouverte.*

Haut., 15 cent.; larg., 10 cent.

2" *Femme debout, portant un enfant qu'elle soutient du bras gauche.*

Haut., 15 cent.; larg., 10 cent.

3° *Profil de guerrier coiffé d'un casque.*

Haut., 11 cent. 1/2; larg., 10 cent.

Trois dessins à l'encre et au lavis rehaussé de gouache.

RODIN

(AUGUSTE)

205 — *Jeune Femme assise.*

Nue, elle est vue de profil, la tête tournée vers la droite.

Dessin rehaussé d'aquarelle. Haut., 32 cent.; larg., 24 cent.

RODIN

(AUGUSTE)

206 — *Étude pour un Monument.*

Une figure esquissée en buste sur un socle à droite; au centre, rehaussée de gouache, une « Maternité ». Vers le premier plan, une silhouette de vieillard.

Signé à droite : *Rodin.*

Dessin à l'encre de Chine, rehaussé de gouache. Haut., 15 cent. 1/2; larg., 14 cent. 1/2.

RODIN

(AUGUSTE)

207 — *Songerie*.

Le bras gauche ramené vers le cou, une jeune femme
repose, les yeux songeurs.

Dessin au crayon, rehaussé d'aquarelle. Haut., 32 cent.; larg., 24 cent.

RODIN

(AUGUSTE)

208 — *Femme et Enfant*.

A gauche, le groupe d'une femme nue aux formes
vigoureuses et serrant contre sa poitrine l'enfant qu'elle
tient dans ses bras.

A droite, une variante du même sujet où la femme et
l'enfant sont vus de face.

Signé à gauche : *A. Rodin*.

Deux dessins sur une feuille, le premier à la plume, rehaussé de blanc;
l'autre, à la mine de plomb.

Haut, 17 cent. 1/2 ; larg., 14 cent.

ROLL

(ALFRED)

209 — *Intimité*.

A gauche, une jeune femme aux cheveux châtains, en
buste, largement décolletée, la tête tournée vers la droite
et portant un collier à double rang de perles. Sur son
épaule, un homme à cheveux et barbe noire, penche
tendrement la tête.

Signé à droite : *Roll*.

Pastel sur panneau. Haut., 49 cent.; larg., 49 cent.

ROPS

(FÉLICIEN)

1833-1898

210 — *La Bacchante nue.*

Couchée, la tête à droite, appuyée sur la main gauche, l'autre main levée vers les fumées qui montent d'un cratère, la bacchante a des seins ronds comme des boucliers, des cuisses de centauresse, et des pattes de chèvrepieds.

A droite, cachet aux initiales : *F. R.*

Dessin au fusain. Haut., 21 cent. 1/2; larg., 32 cent. 1/2.

ROPS

(FÉLICIEN)

211 — *Au Music-hall.*

Dans le couloir des loges, sous la lueur de quelques lanternes carrées, une femme se tient debout près d'un mur. De la main droite, appuyée sur la hanche, elle relève sa jupe contre son large corset noir.

Signé des initiales : *F. R.* à gauche.

Dessin au crayon noir, rehaussé de blanc. Haut., 22 cent. 1/2; larg., 15 cent.

ROPS

(FÉLICIEN)

212 — *Folie.*

Debout, écartant de la main gauche un pan de rideau, silhouettée nerveusement sur un fond d'ombre, une Folie, presque nue sous un caleçon rayé, sourit sarcastiquement. Elle est coiffée du bonnet traditionnel et appuie contre sa hanche droite le hochet de sa royauté.

Signé des initiales : *F. R.* à droite.

Dessin rehaussé d'aquarelle. Haut., 23 cent.; larg., 18 cent. 1/2.

ROUSSEL
(KARL-XAVIER)

213 — *Léda.*

Blonde et nue dans l'herbe haute, Léda accueille le cygne dont les ailes, en la caressant, profilent leurs larges plumes blanches sur le fond de verdure.

Signé à gauche : *K. X. Roussel.*

Pastel. Haut., 41 cent.; larg., 58 cent.

(*Vente Blot, 10 mai 1906, n° 112 du Catalogue.*)

SIMON
(LUCIEN)

214 — *Jeune Breton.*

Les traits hâlés, en veste bleue à parements de velours noir, coiffé du petit chapeau rond à longs rubans, il est assis, vu en buste, et regarde vers la droite.

Signé dans le haut, à droite : *L. Simon.*

Aquarelle. Haut., 39 cent.; larg., 30 cent.

STEINLEN
(THÉOPHILE-ALEXANDRE)

215 — *La Sortie de la Noce.*

Au premier plan, le violoneux conduit la noce qui vient de quitter l'église.

Dessin au crayon bleu. Haut., 27 cent.; larg., 23 cent.

TOULOUSE-LAUTREC
(HENRI DE)
1864-1901

216 — *A l'Opéra.*

Un spectateur, en frac et chapeau haut de forme, se tient derrière une balustrade du grand escalier, entouré de silhouettes masquées. A ses côtés, une femme en robe gris-rose à manches à gigot porte une perruque blonde et un tour de cou noir.

Au premier plan, cinq personnages : une jeune fille à cheveux jaune d'or, deux hommes en habit, une femme en mantille rose et une autre masquée et vêtue de noir.

Signé à gauche : **H. T. Lautrec**, et daté : *93.*

Dans le haut, le monogramme : **H. T. L.**

Dessin rehaussé de peinture à l'essence. Haut., 76 cent.; larg., 48 cent. 1/2.

TOULOUSE-LAUTREC
(HENRI DE)

217 — *Deux Femmes debout.*

Toutes deux, de visages mâles, sont vêtues de longues jaquettes, l'une verte, l'autre bleu de Prusse pâle. Celle de droite est vue de profil; sa compagne, cravatée de noir, lui fait face et a posé un bras sur l'épaule de l'amie.

Dans le haut vers la droite, le monogramme : **H. T. L.**

Dessin rehaussé de peinture à l'essence. Haut., 56 cent. 1/2; larg., 38 cent. 1/2.

TOULOUSE-LAUTREC
(HENRI DE)

218 — *La Roue.*

La danseuse, le buste renversé, occupe la gauche de
la composition, au delà d'un portant de décor représentant des verdures. Dans un mouvement rapide, sa jupe
blanche s'est épanouie, pour un instant, telle une grande
fleur.

A gauche, le souffleur, l'orchestre, les profondeurs de
la salle en plein air, et une guirlande de globes lumi-
neux profilée sur le ciel bleu sombre.

Dessin rehaussé de peinture à l'essence. Haut., 59 cent.; larg., 46 cent.

Signé du monogramme : *H. T. L.*, à gauche.

Reproduit dans le *Figaro Illustré* de juillet 1893, en illustration
d'un article de M. Gustave Geffroy sur les Bals et Théâtres de Paris.

TOULOUSE-LAUTREC
(HENRI DE)

219 — *La Vendeuse de fleurs.*

Elle se tient debout, en corsage rose, nu-tête, soutenant contre sa ceinture une petite corbeille d'osier où
l'on distingue quelques fleurs.

Signé du monogramme : *H. T. L.*, à gauche

Calque original rehaussé de peinture à l'essence. Haut., 55 cent.; larg., 34 cent.

Reproduit dans le *Figaro Illustré* de février 1894, en illustration
d'un article de M. Gustave Geffroy sur les Bals et Théâtres de Paris.

TOULOUSE-LAUTREC

(HENRI DE)

220 — *Au Bal masqué.*

Vues à mi-corps, deux femmes côte à côte, largement
décolletées. L'une, en noir, lève la main droite ; l'autre,
en rose, étend le bras gauche.

Derrière elles, un homme coiffé d'un chapeau haut de
forme. Et, plus à gauche, un personnage affublé d'un
costume moucheté et d'un faux nez.

Signé du monogramme : *H. T. L.*, à gauche.

Lithographie rehaussée de peinture à l'essence. Haut., 37 cent. 1/2 ; larg., 49 cent.

TOULOUSE-LAUTREC

(HENRI DE)

221 — *La Macarona en jockey.*

En casquette et casaque rouge, le gilet à demi-débou-
tonné, la botte enserrant la culotte très ajustée, elle est
appuyée contre la clôture de la piste, le poing sur la
hanche droite.

Signé du monogramme : *H. T. L.*, à droite.

Calque original rehaussé de peinture à l'essence. Haut., 56 cent. 1/2 ; larg., 43 cent. 1/2.

Reproduit dans le *Figaro Illustré* de février 1894, en illustration
d'un article de M. Gustave Geffroy, sur les Bals et Théâtres de Paris.

TOULOUSE-LAUTREC

(HENRI DE)

222 — *La Blanchisseuse.*

Venant de droite, le visage creusé par la fatigue,
un lourd panier au bras, elle s'apprête à traverser la
chaussée. Derrière elle, un fiacre fermé s'éloigne ; plus
loin, un agent. A gauche, une voiture de blanchisseur
dont on aperçoit, sur le siège et vu de dos, le conducteur rangeant des paquets de linge.

A gauche, sous un store à rayures, un garçon de café
près d'une table.

Signé à droite : *H. T. Lautrec.*

Dessin à l'encre de Chine. Haut., 68 cent.; larg., 57 cent. 1/2.

TOULOUSE-LAUTREC

(HENRI DE)

223 — *Yvette Guilbert.*

Elle est debout, près de la rampe, la tête renversée, le regard aux frises, le cou tendu, les épaules maigres. Son corsage vert largement échancré est retenu par des épaulettes à nœuds de rubans. Gantés de noir, les bras retombent le long de la jupe à plis droits striée de bandes vertes et lie de vin.

Signé du monogramme aux initiales : **H. T. L.**

Aquarelle. Haut., 52 cent. 1/2 ; larg., 35 cent.

TOULOUSE-LAUTREC

(HENRI DE)

224 — *Dans l'Atelier (Portrait de M. Sescau, photographe.*

Debout, regardant vers la droite, vêtu d'un veston, d'un pantalon bleu gris, coiffé d'un chapeau haut de forme, il s'appuie sur une canne. Devant lui, sur la tenture bleue, un kakémono au décor de pruniers en fleurs. A ses pieds, à droite, rangés contre le mur, plusieurs cartons à dessins.

Signé à gauche : **H. T. Lautrec** et daté : *91.*

Aquarelle. Haut., 70 cent.; larg., 32 cent.

VIERGE
(DANIEL)
1848-1904

225 — *La Cathédrale de Séville.*

Par delà les nombreux toits à tuiles rouges et les patios à balcons verts, la tour de la cathédrale se dresse au centre de la composition, dans le ciel bleu où courent quelques nuages.

Signé à gauche : *Vierge.*

Aquarelle. Haut., 25 cent. 1/2 ; larg., 34 cent. 1/2.

(Exposition Vierge, au Musée des Arts décoratifs. 1912.)

VIERGE
(DANIEL)

226 — *Le Banderillero à cheval.*

Dans la plaza, dont on aperçoit au fond les gradins, il y a foule : Un piqueur de banderilles, monté sur un cheval blanc, « décore » le taureau dont les cornes sont garnies de boules. Dans le fond, un torero courant ; à droite, un autre à cheval. Au premier plan, un picador, tenant le voile rouge déployé, guette le taureau.

Signé à gauche : *Vierge.*

Aquarelle. Haut., 30 cent. 1/2 ; larg., 44 cent.

VIERGE

(DANIEL)

227 — *Les Folles à la Salpêtrière.*

Dans l'allée centrale du dortoir où l'on voit, au fond, le poêle entouré d'un grillage, une vieille, assise sur son lit, a jeté ses sabots. Dans la double rangée des lits, ce sont de pauvres femmes dormant, geignant ou gesticulant. Accrochés au mur, le numéro et la pancarte des malades.

Signé à gauche : *Vierge.*

Aquarelle. Haut., 46 cent.; larg., 63 cent. 1/2.

(Expositions Vierge, au Grand Palais et au Musée des Arts décoratifs, en 1905 et 1912.)

WILLETTE

(LÉON-ADOLPHE)

228 — *La Messe.*

A droite, un jeune gars à casquette de villageois, assis et regardant à gauche, les mains sur les genoux, avec la légende : *Je vais à la messe toute* (sic) *les fois q'ille* (sic) *me tombe une œil* (sic). *Paul.*

Signé à droite sur un des bâtons de la chaise : *A. Willette.*

Dessin au crayon noir avec fond aquarellé : Haut., 56 cent.; larg., 36 cent.

WILLETTE

(LÉON-ADOLPHE)

229 — *Le Printemps.*

Il est représenté sous les traits d'une marchande d'oublies qui se tient debout, un rameau fleuri sous le bras gauche et portant à sa bouche une musette.

Signé à droite : *A. Willette.*

Dessin aux deux crayons et à la plume. Haut., 23 cent.; larg., 16 cent.

WILLETTE

(LÉON-ADOLPHE)

230 — *La Corrida. — Éventail.*

A gauche, près d'une main noire aux doigts écartés, des scènes d'inquisition et des condamnés au supplice du garrot. Au milieu, le torero soulevé par un taureau. A droite, une inondation et les eaux charriant de nombreuses victimes.

Vers le milieu la légende : *Les spectacles n'ont jamais été bien gais en Espagne.*

Signé à droite : *A. Willette.*

Dessin au crayon gras rehaussé à la plume. Haut., 33 cent.; larg., 57 cent.

WILLETTE

(LÉON-ADOLPHE)

231 — *Mercure*.

Mercure, nu, portant sacoche et caducée, danse, galamment invité par une petite Parisienne mutine qui, en son honneur, soulève sa robe légère.

Signé à droite : *A. Willette*.

Dessin à la plume. Haut., 25 cent.; larg., 23 cent. 1/2.

WILLETTE

(LÉON-ADOLPHE)

232 — *Du feu, en voilà !*

Deux figures : une jeune femme nue et le bonhomme Noël.

Dans le bas, la légende : *Du feu, en voilà! Et puis, mon vieux, ne t'épate pas ! une Parisienne pour de vrai n'a froid qu'au bout du nez !*

Signé à droite : *Willette*.

Dessin rehaussé de bleu et de rouge. Haut., 31 cent.; larg., 24 cent. 1/2.

SCULPTURES

BARTHOLOMÉ

(ALBERT)

233 — *Une Fontaine.*

Debout, dans l'encoignure de pierre abritant une vasque, une jeune femme nue soutient, de son bras droit relevé, un large coquillage encastré dans le mur. Au faîte de la fontaine, une coquille, émergeant des herbes marines, couronne le monument.

Signé : *A. Bartholomé.*

Étain. Haut., 85 cent.; larg., 55 cent.

CARABIN

(RUPERT)

234 — *La Gloire.*

Elle est représentée sous les traits d'une femme nue, debout, vue de face, le poing sur la hanche et dont le buste se prolonge en un large écran de plumes de paon, abritant plusieurs figures qui, du geste et du regard, semblent implorer ses faveurs.

Signé avec dédicace : *A Roger Marx.*

Bois sculpté (légères félures). Haut., 29 cent.; larg., 23 cent.

CHARPENTIER

(ALEXANDRE)
1856-1909

235 — *Le Temps.*

Figurant un rêve, un couple enlacé plane au-dessus de la terre ; le bras droit libre, un jeune homme nu pose un baiser sur le front de la femme voilée qu'il serre contre lui.

A leurs pieds, le Temps, représenté sous les traits d'un vieillard à longue barbe, est agenouillé. Les bras joints en un geste de désolation, il semble déplorer les années à jamais perdues.

Bronze. Haut., 3o cent.; larg., 18 cent.

CHARPENTIER

(ALEXANDRE)

236 — *Narcisse.*

Couché près d'une fontaine, le pied droit dépassant le bloc de pierre sur lequel se profile son corps nu et gracile, la poitrine inclinée sur le rocher d'où retombe son ample chevelure qui lui cache le visage, Narcisse semble accablé de douleur.

Signé : *Charpentier*, n° 1.

Bronze. Haut., 17 cent.; larg., 26 cent.

DAUMIER

(HONORÉ)

1808-1879

237 — *Les Émigrants*

Au centre de la composition, un homme nu, un nou-
veau-né sur les bras, se retourne vers ses compagnons
qui traînent à leur suite femmes et enfants.

A gauche, un personnage portant un coffret sur
l'épaule, précédé d'autres émigrants chargés de leurs
hardes et de leurs outils, se dirigent vers une nouvelle
patrie, en quête d'un sort meilleur.

Haut relief, bronze, d'après le plâtre provenant de l'atelier de
Daumier et reproduit dans : Arsène Alexandre, *Honoré Daumier,
l'Homme et l'Œuvre.* Paris, 1888, page 336.

Haut., 38 cent.; larg., 77 cent.

DEJEAN

(LOUIS)

238 — *La Femme au manteau.*

Elle est debout, la tête souriante tournée vers la gauche, coiffée d'un chapeau à large bord relevé et orné de fleurs. Ses épaules sont couvertes d'un manteau à grand col, ouvert sur la poitrine et sur la jupe que la jeune femme, en un geste gracieux, retient de ses deux mains.

Signé : *L. Dejean.*

Bronze. Haut., 32 cent.; larg., 20 cent.

DESBOIS

(JULES)

239 — *Nu (d'après l'antique).*

Un torse, tourné vers la droite, s'arrêtant à la naissance des bras et du cou.

Le genou droit est légèrement ployé, tandis que la jambe gauche, vue jusqu'au mollet, est posée sur un socle de pierre.

Bronze. Haut., 24 cent.; larg., 7 cent. 1/2.

DESBOIS

(JULES)

240 — *Femme et feuillages.*

Agenouillée sur les feuilles à bords relevés qui terminent un rameau de plantes aquatiques, une jeune femme, vue de dos, la tête inclinée vers le bras gauche, vient se reposer après le bain.

Bronze. Haut., 6 cent.; larg., 18 cent.

GARDET
(GEORGES)

241 — *Tigre à l'affût.*

Le corps ramassé, les oreilles dressées, les pattes de devant légèrement ployées, celle de droite allongée sur le sol, le félin semble guetter la proie vers laquelle il va s'élancer.

Signé : *G. Gardet.*

Bronze. Haut., 14 cent.: larg., 38 cent.

GARDET
(GEORGES)

242 — *Panthères.*

Deux panthères se livrent un combat acharné. L'une d'elles, le corps dressé, maintient sur le sol l'adversaire terrassé et renversé sur le dos. De ses crocs acérés, elle déchire l'épaule de sa victime qui, la gueule large ouverte en un geste de rage impuissante, s'efforce vainement de se dégager de l'étreinte mortelle.

Signé : *G. Gardet.*

Marbre jaune. Haut., 48 cent : larg., 48 cent.

GAUGUIN
(PAUL)
1848-1903

243 — *Masque.*

Visage de jeune Tahitienne aux yeux noirs, les cheveux retombant en bandeaux larges sur les tempes et ne laissant à découvert que le milieu du front.

Bois sculpté, rehaussé de couleurs.

Haut., 15 cent.; larg., 13 cent.

MEUNIER

(CONSTANTIN

1831-1905

244 — *La Glèbe*.

Marchant côte à côte, deux laboureurs à demi-nus, les jambes arc-boutées, le corps ployé dans l'effort qu'ils accomplissent, sont vus de profil vers la gauche. Le premier, les mains ramenées derrière le dos, s'est attelé à une charrue, tandis que son compagnon l'assiste dans le dur travail de la glèbe.

Signé à droite : *C. Meunier*. A gauche, l'inscription : ***La Glèbe***.

Haut relief; bronze. Haut., 45 cent.; larg., 45 cent.

NAVELLIER

(ÉDOUARD-FÉLICIEN-E.)

245 — *Éléphant terrassant un crocodile*.

Sur le terrain accidenté, au bord d'une rivière, un éléphant, ses larges oreilles déployées, vient de terrasser le crocodile dont il s'apprête, d'un geste de son pied massif, à écraser la tête, tandis que de sa trompe il va broyer la queue de son ennemi.

Signé : *E. Navellier*, avec inscription : ***Épreuve ciselée et patinée par moi pour Monsieur Roger Marx. Paris, août 1903***.

Bronze. Haut., 25 cent.; larg., 26 cent.

RINGEL D'ILLZACH
(DÉSIRÉ)

246 — *La Saga.*

Coiffée d'un casque, une jeune femme nue, les jambes
légèrement ramenées vers le corps et les pieds se croisant,
est assise, vue de profil, le buste presque de face. D'un
geste du bras droit elle se prépare à tendre l'arc qu'elle
tient de la main gauche.

Signé : *Ringel d'Illzach*, et daté : *1888.*

Bronze, cire perdue. Haut., 18 cent.; larg., 19 cent.

RINGEL D'ILLZACH
(DÉSIRÉ)

247 — *Le Musicien.*

Vu de face, vêtu d'une ample houppelande, un musicien polonais, aux longs cheveux et à barbiche en
pointe, le pied gauche posé sur des cahiers de musique
épars sur le sol, ramène son archet sur un instrument
à deux cordes qu'il tient debout devant lui.

Signé : *Ringel d'Illzach*, avec inscription : *Marche de Rakoczy*,
et daté : *Paris, MDCCCLXXIX.*

Bronze. Haut., 42 cent.; larg., 22 cent.

RIVIÈRE
(THÉODORE)
1857-1912

248 — *Phryné.*

Debout, une jeune femme, nue, replie son bras droit
sur son visage, tandis que, d'un geste pudique de la
main gauche, elle se voile la face.

Signé sur le socle : *Théodore Rivière*, et daté : *Sèvres, 1902.*

Biscuit. Haut., 35 cent.; larg., 8 cent.

RODIN

(AUGUSTE)

249 — *Le Baiser (1886).*

Incarnant la Foi, l'Amour et la Force, un couple :
l'homme à la musculature puissante, d'une main qui
protège, semble attirer contre son corps une jeune
femme au torse souple ; la jambe droite, de profil, est
posée tendrement sur le genou qui la soutient. Se rap-
prochant de lui voluptueusement, d'un bras elle incline
vers son visage penché la nuque de son compagnon dont
elle cherche les lèvres.

Signé : *Rodin.*

Bronze. Haut., 89 cent.; larg., 52 cent.

C'est la première version du Baiser intitulé d'abord la Foi et dont
un marbre, de proportions plus grandes, devait être exécuté en 1898
pour le Musée du Luxembourg.

RODIN

(AUGUSTE)

250 — *Désespoir. (Masque de la Douleur pour la porte de l'Enfer.)*

Tête de femme se dégageant du bloc de marbre, les traits convulsés, le front sillonné de rides. Vue de face, encadrée de longs cheveux, elle reflète l'expression d'une amère douleur; de sa bouche entr'ouverte semble s'exhaler la plainte stérile d'une âme à jamais damnée.

Signé : *Rodin*.

Marbre. Haut., 42 cent.; larg., 50 cent.

RODIN

(AUGUSTE)

251 — *Cariatide (1891).*

Le torse en pleine lumière, le bas des jambes en partie caché par les plis d'une draperie, une jeune femme assise, et soutenant du genou droit ses bras croisés, appuie contre l'épaule sa tête courbée sous le poids d'un bloc de pierre.

Marbre. Haut., 46 cent.; larg., 30 cent.

RODIN

(AUGUSTE)

252 — *Femme nue.*

Le corps ployé, la tête appuyée sur la main droite contournant le rebord d'un bloc de pierre, une jeune femme nue repose, la tête sur le bras qu'elle ramène vers ses cheveux. L'autre bras va rejoindre la poitrine où pointe le sein.

Signé : *A Rodin*, avec dédicace : *A mon ami R. Marx.*

Haut., 30 cent ; larg., 26 cent.

RODIN

(AUGUSTE)

253 — *Femme à l'épine.*

Nue et de profil, le haut de la jambe gauche ramené contre le torse, une jeune femme est assise. A bout de bras, elle tient de ses deux mains le pied d'où elle cherche à retirer l'épine qui vient de la blesser, tandis qu'un geste de l'autre pied, s'incurvant autour du rebord de pierre, maintient l'équilibre du corps.

Marbre. Haut., 29 cent.; larg., 18 cent.

RODIN

(AUGUSTE)

254 — *Torse d'Homme.*

Vigoureux et de musculature puissante, à ligne dorsale très accentuée, il est vu jusqu'à la naissance des bras et du cou, le bassin et le haut des jambes posés sur un socle.

Signé : *Rodin.*

Bronze, patine verte. Haut., 47 cent.; larg., 12 cent.

9 782329 541969